Lothar Albert

Philosophische Impressionen

Heidegger, Leibniz und Weber

Albert, Lothar

Philosophische Impressionen

Heidegger, Leibniz und Weber

ISBN: 978-3-941482-78-4

Auflage: 1
Erscheinungsjahr: 2010
Erscheinungsort: Bremen, Deutschland

© Europäischer Hochschulverlag GmbH & Co KG, Fahrenheitstr. 1, 28359 Bremen (www.ehv-online.com). Alle Rechte beim Verlag und bei den jeweiligen Lizenzgebern.

Cover: Foto © RAHOUSE/Pixelio

Lothar Albert

Philosophische Impressionen

Heidegger, Leibniz und Weber

Inhaltsverzeichnis

Heideggers Daseinsphilosophie als Kritik am zweckrationalen Handeln 1
1. Naturphilosophie und Daseinsphilosophie 1
2. Das Verstehen als anthropologisches Werkzeug des Menschen 3
3. Anthropologie als Weltanschauung 6
4. Heideggers Kritik am Bild des Menschen als vernunftbegabtes Tier 8
5. Heideggers Wirkung auf die kritische Soziologie 12
Literatur 15
Zusammenfassung 16

Leibniz: Die Stufenleiter der Erkenntnis, Nominal- und Realdefinition 17
1. Betrachtungen über die Erkenntnis, die Wahrheit und die Ideen 17
1.1 Was ist Wahrheit 17
1.2 Was ist Klarheit? 18
1.3 Wann ist eine Erkenntnis adäquat? 18
1.4 Was ist eine Nominaldefinition? 19
1.5 Die Rolle der Intuition und die Realdefinition 19
1.6 Wahre Ideen 20
1.7 Zusammenfassung und Interpretation 20
2. Die metaphysische Abhandlung 21
2.1 Nominaldefinition – Zweifel an der Möglichkeit eines Gegenstands 21
2.2 Die Realdefinition führt zum Ursprung eines Objekts 22
2.3 Der Ursprung der Ideen 22
2.4 Ideen kommen aus der inneren Erfahrung 23
2.5 Gott ist die Ursache und das Licht der Seele 24
2.6 Die aktive Fähigkeit der Seele (§29) 25
2.7 Zusammenfassung und Interpretation 26
Literatur 29
Zusammenfassung 32

Die „Protestantische Ethik" Max Webers und Meister Eckharts religiöse Auffassung vom „Gewerbe" — 33

Einleitung — 33
1. Modernes Unternehmerethos und ökonomischer Traditionalismus — 34
2. Weltlicher Beruf und Heilsgewissheit — 37
2.1 Der kalvinistische Prädestinationsglaube — 37
2.2 Innerweltliche Askese und rastlose Hingabe an den Beruf — 38
2.3 Ökonomischer Traditionalismus und asketischer Protestantismus — 39
3. Weltlicher Beruf als christliche Aufgabe — 41
3.1 Der Begriff des Berufs bei Martin Luther — 41
3.2 Innere und äußere Berufung als christlicher Auftrag — 42
3.3 „Im Stand bleiben" — 44
4. Max Webers Lutherinterpretation — 45
4.1 Der Gedanke der Berufung im weltlichen Stand als große Leistung der Reformation — 45
4.2 Der Vorwurf des Traditionalismus — 47
4.3 Die tatsächliche Verbreitung des Puritanismus im Schottland des 16. und 17. Jahrhunderts — 48
5. Die Bedeutung von „Werk" und „Gewerbe" bei Meister Eckhart — 50
5.1 Lebenserfahrung und Gotteserfahrung — 50
5.2 Sorge und Gelassenheit — 52
5.3 Der Mensch ist kein Werkzeug Gottes — 53
5.4 Ohne ein Warum wirken — 55
5.5 Augenblicke der Versenkung und des Glücks sind vergänglich — 56
5.6 Das Amt des Predigers mit dem Gotteserlebnis verbinden — 57
6. Zusammenfassung und Perspektiven — 58
6.1 Wissenschaft und Technik zur Ehre Gottes — 58
6.2 Das protestantische Arbeitsethos Luthers und der Sinn der Arbeit — 61
6.3 Die Unterscheidung von Amt und Person — 62
6.3 Workaholics' werden krank — 63
Literatur — 64
Zusammenfassung — 65

Heideggers Daseinsphilosophie als Kritik am zweckrationalen Handeln

> „..Der Sturm, der durch das Denken Martin Heideggers zieht – wie der, welcher uns nach Jahrtausenden noch aus dem Werk Platons entgegenweht – kommt nicht aus dem Jahrhundert. Er kommt aus dem Uralten, und was er hinterlässt, ist ein Vollendetes, das, wie alles Vollendete, heimfällt zum Uralten". (Hannah Arendt, Merkur)

1. Naturphilosophie und Daseinsphilosophie

Das Selbstverständnis der Sozialwissenschaften wird durch die philosophische Erkenntnis der Neuzeit getragen, dass der Mensch aus der Evolution der tierischen Arten entstanden ist und eine Sonderstellung in der Natur einnimmt, in welcher er als „Mängelwesen" charakterisiert wird. Seine mangelhafte organische Ausstattung (Fehlen von Krallen, Pfoten, Klauen, Fell etc.), die lange Kindheits- und Jugendperiode, in welcher die Kinder auf Schutz und Versorgung angewiesen sind und seine weitgehende Instinktlosigkeit zwingen den Menschen zu Kompensationsleistungen, die er in Gestalt technischer Erfindungen, sozialer Organisationsformen und kultureller Leistungen hervor bringt. Als Mängelwesen ist der Mensch durch seine Offenheit und Anpassungsfähigkeit bestimmt. Seine Bedürfnisse und Neigungen sind formbar, seine Wahrnehmungsmuster unbegrenzt und die Sprache ermöglicht ihm eine optimale Kooperation mit den Mitmenschen. Als Konsequenz dieses biologistischen Bildes ergibt sich, dass der Mensch bestrebt sein muss, seine Defizite ständig durch die Ausschöpfung aller Möglichkeiten auszugleichen. Zweckrationales Handeln, technisches und pragmatisches Denken, Machtausübung und unbeschränkte Ausbeutung der Natur sind demgemäß geboten, um zu überleben. Die Annahme, dass das Wesen des Menschen animalistisch ist und er durch seine Kulturleistungen gezähmt und entwildert wird, kann mit Recht als die herrschende Philosophie der Neuzeit bezeichnet werden, denn sie rechtfertigt die Überlebensstrategien von Individuen, Gruppen und Nationen.

Dieser Naturphilosophie des Menschen setzt Heidegger eine Daseinsphilosophie entgegen, in welcher der Mensch durch seine Fähigkeit zum Fragen und zum Verstehen grundsätzlich vom Tierreich getrennt ist. Heideggers Betrachtung wird nicht durch eine Defizit-Theorie, sondern durch die positive Bestimmung des Menschen in der Geschichte des Seins getragen. Nicht der Mensch ist das Mängelwesen, sondern das Tier, welches in seiner „Benommenheit" und artspezifischen Fixierung von der Möglichkeitsfülle des Menschen ausgeschlossen bleibt.[1] Während der Mensch ek-sistierend in der Lichtung des Seins steht bzw. geworfen ist, sind Pflanzen und Tiere in ihre Umwelt eingespannt. Darin liegt die wesenhafte Armut alles Animalischen, von welchem der Mensch wie von einem Abgrund geschieden ist. Jeder Versuch, den Menschen in irgendeiner Form vom Tier her zu begreifen, führt nach Heideggers Auffassung von der Besinnung des Menschen auf sein Dasein weg.

Heidegger stand dem „praktischen" Handeln und Denken, das vornehmlich auf Wirkung und Nutzen ausgerichtet ist, kritisch gegenüber. Das Wesen des Handelns besteht seiner Auffassung nach im Vollbringen, wobei „vollbringen" für ihn heißt: „etwas in der Fülle seines Wesens entfalten, in diese hervorgeleiten, producere."[2] Vollbringbar ist eigentlich nur etwas, was schon ist. „Was jedoch vor allem 'ist', ist das Sein."[3] Deshalb besteht die Aufgabe des Denkens darin, den Bezug zum Sein und damit zum Wesen des Menschen herzustellen. Die Sprache als das Haus des Seins, vom wahrhaft denkenden Menschen bewohnt und behütet, ist jedoch nach Heidegger durch zahlreiche Hemmnisse fehl geleitet. Das Wesen des Denkens kann man nach Heidegger nur erfahren, wenn man sich

---

[1] Vgl. Martin Heidegger, Sein und Zeit. Tübingen: Max Niemeyer, (15. Auflage) 1979, § 58b.
[2] Vgl. Martin Heidegger: Über den Humanismus. Frankfurt am Main: (10. erg. Auflage) Klostermann 2000 S. 5.
[3] Martin Heidegger: Über den Humanismus, S. 5.

von der technischen Interpretation des Denkens befreit.[4] Das ursprüngliche Denken geht durch die Auslegungen der Logik und Grammatik verloren. An die Stelle tritt das Denken als Technik, als Instrument der Ausbildung, das "Schule" macht und sich später als Kulturbetrieb Geltung verschafft. [5]

Heideggers Daseinsphilosophie eröffnet einen völlig anderen theoretischen Zugang zum Wesen des Menschen als die Naturphilosophie. Statt Rolle, Funktion, Status, Organisation, Struktur, Handeln und Macht stehen Offenheit, Verstehen, Weltbild und Bezug zum Sein im Mittelpunkt seiner Betrachtung. Subjektivitätstheorien lehnt Heidegger ab. Seine Philosophie gründet auf „Existentialien", auf Möglichkeiten des Menschen, die er als solche bewahren sollte, weil sie sein Wesen ausmachen. Diese revolutionären Aussagen über das Wesen des Menschen haben bis heute starke Auswirkungen auf die zeitgenössische Philosophie und die kritische soziologische Theoriebildung.

2. Das Verstehen als anthropologisches Werkzeug des Menschen

In seinem 1927 erschienenen Hauptwerk „Sein und Zeit" beschäftigt sich Heidegger mit der Frage nach dem Sinn des Seins. Da wir als Menschen im Unterschied zu allem anderen Seienden uns zu unserem Sein in fragender Form verhalten und damit uns selbst in unserem Sein transparent machen können, hebt Heidegger die Seinsart des Menschen grundsätzlich von der Natur ab und nennt sie „Dasein".[6] Im Dasein kann sich der Mensch zum Sein verhalten, zu Möglichkeiten hin entwerfen und sich selbst verwirklichen. Er hat die Wahl zwischen den Seinsmodi „Eigentlichkeit" und „Uneigentlichkeit"[7]. Das Sein, um das es einem Menschen im Dasein geht und für das er Sorge trägt, ist daher für ihn „je meines". Dasein ist anderer-

---

[4] Vgl. Martin Heidegger: Über den Humanismus, S. 6.
[5] Vgl. Martin Heidegger: Über den Humanismus, S. 9.
[6] „Das Sein, das Fragen kann, ist Dasein" - vgl. Martin Heidegger, Sein und Zeit., § 7.
[7] Vgl. Martin Heidegger, Sein und Zeit, § 43.

seits immer schon in eine bestimmte Lebenssituation geworfen. Es konstituiert sich als jeweils „In-der-Welt-Sein" mit anderen, einer je schon entdeckten Welt, deren soziales Umfeld und soziale Regeln man teilt.[8] Das transzendentale Sein ist das eigentliche Subjekt der Geschichte. Es „schickt" sich den Menschen im „Schicksal". Das wahre Denken lässt sich vom Sein in „Anspruch" nehmen.[9] Die Art und Weise, wie das Sein begriffen wird, hängt vom Stand der Entwicklung und der Lebensweise von Völkern und Individuen ab. Das Weltbild bzw. Seinsverständnis legt fest, was in einer Epoche überhaupt möglich ist.

Eine zentrale Position räumt Heidegger in seinem Werk dem Verstehen ein. In seinem Hauptwerk „Sein und Zeit" (1927) lautet § 31: Das Dasein als Verstehen. Nach Heidegger sind die Menschen in die Welt „geworfen". Unmittelbar erfahrbar ist für sie nur, dass sie sind. Woher alles kommt und wohin alles geht, bleibt im Dunkeln. Nur der Tod ist gewiss. Heidegger bezeichnet das Menschsein daher als „Sein zum Tode". Dieses Sein des Menschen verbunden mit seiner Befindlichkeit, die sich in Stimmungen, wie z.B. Angst ausdrückt, begründet das Verstehen des Menschen. Angst wirft den Menschen auf sich selbst zurück und wird von Heidegger daher als positiver Impuls gesehen. Das „Verstehen" der Welt, der anderen und meiner selbst deutet Heidegger als ursprünglich bzw. „primär" und grenzt das „Erklären" im Sinne einer bestimmten Erkenntnisart davon ab. Erst mit dem primären Verstehen wird nach Heidegger das „Worumwillen" und die „Bedeutsamkeit" des Daseins erschlossen. Es befähigt zum Entwerfen von „Möglichkeiten" und ist darauf ausgerichtet, das Woher und Wohin zu erschließen. Im Verstehen versuchen Menschen ihr Geworfensein bzw. ihr „Herkommen" aufzuklären und entwerfen ihre Deutung von und ihr Handeln in der Welt. Verstehen richtet sich daher nicht nur auf das Vorhandene, sondern auf das nicht Vorhandene, das Mögliche. Für Heidegger ist das Dasein daher die „durch und durch geworfene Möglichkeit", und das

---

[8] Vgl. Martin Heidegger, Sein und Zeit, § 53.
[9] Vgl. Martin Heidegger: Über den Humanismus, S. 5.

Verstehen ist das anthropologische Werkzeug, mit welchem sich der Mensch zu sich selbst und seinem Dasein verhält.[10]

Die philosophische Hermeneutik um den Kreis von Hans-Georg Gadamer hat wesentliche Gedanken aus „Sein und Zeit" übernommen, wo Heidegger die existentiale Vorstruktur des Verstehens heraus arbeitete. Hermeneutik ist für Gadamer mehr Geschehen als Verstehen. Sie ist die besondere Art und Weise, in der ein kulturell gewachsener Überlieferungs-, Traditions- und Normzusammenhang aufrecht erhalten bzw. weiter entwickelt wird. Bei dem hermeneutischen Geschehen spielt Sprachlichkeit für Gadamer eine zentrale Rolle, wobei er in ähnlicher Weise wie Heidegger mit der Differenz von Sein und Seiendem die Vorgegebenheit des Sprachsystems und die Teilhabe der Individuen daran betont. Gadamer hebt die Bedeutung hervor, die der historische Ort des Verstehenden für das Verstehen besitzt. Diesen Stellenwert erläutert er am Begriff des Vorurteils, der bei ihm nicht negativ als Quelle des Missverstehens gedeutet wird. Das „Vor-Urteil" ist bei Gadamer die durch die Lebensgeschichte und Bildungsgeschichte vorstrukturierte Verstehensfähigkeit des jeweiligen Subjekts, welche dieses versuchsweise auf das neu zu Verstehende „entwerfen" kann und dabei in der Regel korrigieren wird. In diesem Sinne ist das Vorurteil nicht „Störung", sondern notwendige Voraussetzung und geradezu produktive Bedingung des (geschichtlichen) Verstehens.

Gadamer umschreibt den Vorgang des Verstehens mit der Metapher des „Horizonts. Damit meint er den „Gesichtskreis, der all das umfasst und umschließt, was von einem Punkt aus sichtbar ist".[11] Der „Horizont" ist in steter Bildung begriffen, da wir alle unsere Vorurteile ständig erproben. Leider sind die von Heidegger inspirierten Ausführungen Gadamers über das Verstehen bisher auf die Literaturwissenschaft beschränkt geblieben. Eine soziologische Theorie könnte Gadamers dynamischen Verstehensbegriff durch die Einbeziehung der Wirkungsgeschichte von Rollen und Institutionen auf-

---

[10] Vgl. Martin Heidegger, Sein und Zeit, S. 144.
[11] Gadamer, Wahrheit und Methode, S. 286.

greifen und den Prozesscharakter des sozialen Handelns im historischen Ort des Geschehens deutlicher hervorheben.

3. Anthropologie als Weltanschauung

Die Befreiung aus mittelalterlichen Bindungen hat den Menschen zu sich selbst befreit und findet im Subjektivismus und Individualismus der Neuzeit ihren Ausdruck. Das Entscheidende dieser Entwicklung sieht Heidegger jedoch nicht in der Veränderung der sozialen Stellung des Menschen, sondern dass der Mensch zur Bezugsmitte des Seienden als solchem wird. Der Mensch als Subjekt wird zu jenem Seienden, auf das sich alles Seiende gründet. Möglich ist dies aber nur durch eine Wandlung des Denkens. Das Wesen der Neuzeit zeigt sich nach Heidegger in dem neuzeitlichen Weltbild.[12] Weltbild meint die Welt selbst, das Seiende im Ganzen, die Welt im Bild begriffen. Im Weltbild wird das Sein des Seienden in der Vorstellung gesucht und gefunden. „Im Bilde sein" meint in diesem Zusammenhang: Bescheidwissen, Gerüstetsein, sich Einrichten.[13]

Heidegger stellt dem Verständnis der subjektiven Anschauung der Vorsokratiker, denen er eine große Nähe zum Sein bescheinigt, das neuzeitliche Denken in Weltbildern gegenüber. In der Auffassung der Vorsokratiker wird das Seiende nicht erst seiend dadurch, dass der Mensch es anschaut, indem er sich eine Vorstellung macht oder seiner Wahrnehmung folgt. „Vielmehr ist der Mensch der vom Seienden Angeschaute".[14] Dem zum Subjekt befreiten Menschen der frühen Antike (Parmenides, Heraklit) öffnet sich das Seiende, bezieht ihn in seine Offenheit ein, bildet seine Substanz (d.h. es „trägt ihn"), treibt ihn in seine Gegensätze und zeichnet ihn in seinem Zwiespalt. Im Gegensatz dazu ist die neuzeitliche Vorstellung von dem Gefühl geprägt, etwas ins Bild oder in Szene zu setzen, zu repräsentieren. Entscheidend für die Neuzeit ist nach Heidegger, dass

---

[12] Vgl. Martin Heidegger: Die Zeit des Weltbildes. In: Martin Heidegger. Gesamtausgabe. Bd. 5: Holzwege. Frankfurt/Main: Klostermann 1977, S. 87-94, hier S. 87.
[13] Vgl. Martin Heidegger: Die Zeit des Weltbildes, S. 88.
[14] Vgl. Martin Heidegger: Die Zeit des Weltbildes, S. 89

der Mensch sein Weltbild auf sich selbst bezieht und es als den Boden einer möglichen Entfaltung der Menschheit betrachtet. Damit beginnt eine Art des Menschseins, in welcher die jeweiligen menschlichen Kompetenzen und Fähigkeiten das Maß für das „Menschenmögliche", d.h für die Bewältigung des Seienden setzen.[15]

Das Subjektwerden des Menschen der Neuzeit wirft Fragen auf, die Gegenstand soziologischer Theorien sind: Wird der von mittelalterlichen Bindungen befreite Mensch in die Beliebigkeit und Willkür des Subjektivismus bzw. des Ich geführt oder findet er im Wir der Gesellschaft einen Boden der Selbstverwirklichung? Findet das Subjekt seine Identität als Einzelner oder als Gemeinschaft, als Persönlichkeit in der Gemeinschaft oder als bloßes Gruppenmitglied in der Körperschaft, als Staat und Nation oder als Glied der allgemeinen Menschheit?[16] Für sich hat Heidegger diese Frage in einer Hinsicht schon entschieden, indem er seine Einstellung gegen „das Unwesen des Subjektivismus im Sinne des Individualismus" offenbart.[17]

Der Fortschritt der modernen Industriegesellschaft beschleunigt nach Heidegger die Subjektivierung und schlägt sich in einem unaufhaltsamen Wandel der Welt-Betrachtung und Welt-Lehre zu einer Lehre vom Menschen, zur Anthropologie nieder. Das Aufkommen der Anthropologie seit dem Ende des 18. Jahrhunderts zeigt, daß der Mensch seit dieser Zeit seine Grundhaltung zum Seienden durch seine Weltanschauung bestimmt. Der Kampf der Weltanschauungen prägt nach Heidegger den Höhepunkt „und vermutlich dauerfähigsten Abschnitt" der Geschichte der Neuzeit.[18] Heidegger selbst hat in diesen Kampf der Bilder vom Wesen des Menschen aktiv eingegriffen, indem er dem herrschenden Denken der Naturphilosophie vom Mängelwesen Mensch, das die Theorien Darwins, Nietzsches, Marx, Freuds und anderer beherrscht, die posi-

---

[15] Vgl. Martin Heidegger: Die Zeit des Weltbildes. S. 90.
[16] Vgl. Martin Heidegger: Die Zeit des Weltbildes. S. 92.
[17] Vgl. ebenda.
[18] Vgl. Martin Heidegger: Die Zeit des Weltbildes. S. 94.

tive Bestimmung des Menschen als fragendes und verstehendes Wesen in seiner Möglichkeitsfülle gegenüber gestellt hat.

4. Heideggers Kritik am Bild des Menschen als vernunftbegabtes Tier

In einem Brief an Jean Beaufret legte Heidegger 1946 seine Haltung zum anthropologischen Weltbild des Humanismus dar. Der Franzose hatte ihn gefragt, ob er eine Möglichkeit sehe, dem Begriff „Humanismus" in der jetzigen Zeit Sinn zu geben. Heidegger wendet zunächst ein, dass Begriffe die Wirklichkeit in einseitiger Weise auslegen und die Frage nach Sinn des Dasein verstellen können. Es sei für den neuzeitlichen Mensch, der in die Nähe des Seins finden wolle daher ratsam, bevor er Begriffe übernehme, „zuvor zu lernen, im Namenlosen zu existieren".[19] Konkret antwortet er: „Diese Frage kommt aus der Absicht, das Wort 'Humanismus' festzuhalten. Ich frage mich, ob das nötig ist. Oder ist das Unheil, das alle Titel dieser Art anrichteten, nicht schon offenkundig genug? Ihre Frage setzt nicht nur voraus, dass Sie das Wort „Humanismus" festhalten wollen, sondern sie enthält auch das Zugeständnis, dass dieses Wort seinen Sinn verloren hat."[20]

Indem der Humanismus „Menschlichkeit" fordert, wendet er sich gegen das Tierische, Bestialische im Menschen. Im Humanismusbegriff wird daher die Schattenseite des Menschen, seine animalische Herkunft, mitgedacht. Die Auslegungen des Humanismus in der Nachkriegsdiskussion durch Christentum, Marxismus und Existentialismus (Sartre, Camus) lenken nach Auffassung Heideggers von der eigentlichen Frage nach dem Wesen des Menschen ab – und zwar nicht, weil die Humanitas durch diese und andere Weltbilder überschätzt wird, sondern im Gegenteil, weil der Begriff selbst sie nicht hoch genug ansetzt.[21] In der Humanismusdiskussion seit der Antike gilt der Mensch als das Animal rationale, als das vernünftige

---

[19] Vgl. Martin Heidegger: Über den Humanismus, S. 11.
[20] Vgl. Martin Heidegger: Über den Humanismus, S. 7 und 35.
[21] Vgl. Martin Heidegger: Über den Humanismus, S. 21.

Tier. Heidegger stellt die Frage, ob das Wesen des Menschen überhaupt „anfänglich und alles voraus entscheidend, in der Dimension der Animalitas liegt" Und er fährt fort: „Sind wir überhaupt auf dem rechten Wege zum Wesen des Menschen, wenn wir den Menschen und solange wir den Menschen als ein Lebewesen unter anderen gegen Pflanze, Tier und Gott abgrenzen?"[22] Für Heidegger kann das Wesen des Menschen niemals in biologischer Perspektive bestimmt werden, auch wenn ihm jeweils eine spezifische Differenz zugesprochen wird, die ihn als Person, als geistiges Wesen oder als „human" charakterisiert.

Der Mensch ist nach Heidegger nicht nur ein Lebewesen, das neben anderen Fähigkeiten auch Sprache besitzt. Die Sprache ist das Haus des Seins, in welcher der Mensch herausgehoben aus der animalischen Welt als Hüter der Wahrheit wohnt.[23] Bei der Bestimmung der Menschlichkeit des Menschen als der Ek-sistenz kommt es Heidegger darauf an, „dass nicht der Mensch das Wesentliche ist, sondern das Sein als die Dimension des Ekstatischen der Ek-sistenz."[24] Er ist gewissermaßen „angestellt", und der Ort seiner Anstellung ist die Lichtung des Seins, wo das Sein sich dem Dasein des Menschen öffnet. Mit diesem Bild glaubt Heidegger dem Begriff des Humanismus mehr zu entsprechen als die gängige Definition, die den Menschen als rationales Wesen hinstellt, was er natürlich auch ist. Als Hüter des Seins im „Haus der Sprache" besteht die Aufgabe des Menschen vornehmlich darin, hin zu hören, anzudenken und zu verstehen. Der ek-statische Mensch steht nicht mehr in der Mitte, sondern lediglich irgendwo als Geworfener im Sein. Um im Bild des Hauses zu bleiben, ist der Mensch weniger Besitzer, Eigentümer oder gar Erbauer, sondern „Nachbar unter Nachbarn". Das freundliche Nebeneinander von „Nachbarn" ist daher die angemessene Lebensform des Daseins. Da jedoch die Menschen und Völker widerstreitende Interessen, Möglichkeiten und Interpretationen ihrer E-

---

[22] Vgl. Martin Heidegger: Über den Humanismus, S. 15.
[23] Vgl. Martin Heidegger: Über den Humanismus, S. 25.
[24] Vgl. Martin Heidegger: Über den Humanismus, S. 24.

xistenz haben, ist der Kampf der Weltanschauungen unvermeidlich. Heidegger wehrt sich jedoch entschieden gegen alle Versuche, im Namen der Menschlichkeit bzw. des Humanismus anthropozentrische Gewalt auszuüben.

Der Gegensatz dieser Auffassung vom Menschen, die durch die Suche nach Befreundung durch die Sprache gekennzeichnet ist, wird in dem Vortrag des Philosophen Peter Sloterdijk deutlich, die er im Juli 1999 auf Schloss Elmau gehalten hat und die eine Antwort auf Heideggers „Brief über den Humanismus" darstellen sollte. Sloterdijk sieht den Menschen „als das Wesen, das in seinem Tiersein und Tierbleiben gescheitert ist".[25] Er beschreibt in seiner Rede die Geschichte der Menschen als Selektion und vertritt die Ansicht, dass die Menschen heute angesichts der Problematiken der Anthropotechniken mehr und mehr auf die aktive oder subjektive Seite der Selektion geraten. Sobald in einem Feld Wissensmächte positiv entwickelt sind, machten Menschen eine schlechte Figur, wenn sie – wie in Zeiten eines früheren Unvermögens – eine höhere Gewalt, Gott, den Zufall oder die Anderen an ihrer Stelle handeln ließen. In Zukunft wird es nach Sloterdijk wohl darauf ankommen, das Spiel aktiv aufzugreifen und einen Codex von Anthropotechniken zu formulieren.[26]

In seinen weiteren Ausführungen spitzt Sloterdijk seine Ausführungen über die Auslesetendenz, die auch dem Humanismus innewohne, der sich gegen die Barbarei wende, bis hin zur Rede vom Menschen als einer zähmenden und züchtenden Gewalt zu. Damit kehrt Sloterdijk Heideggers Kritik am Humanismus in ihr Gegenteil um. Er vertritt die These, dass der Humanismus nicht Ernst genug mit der Abstammung des Menschen vom Tier gemacht hat. Wenn der Mensch durch Selektion zum Menschen geworden ist, dann muss er

---

[25] Vgl. Peter Sloterdijk: Regeln für den Menschenpark. Ein Antwortschreiben zum Brief über den Humanismus. Vortrag im Rahmen der Schloss Elmau Symposien zur Philosophie am Ende des Jahrhunderts. Frankfurt/M.: Suhrkamp, 1999, (http://menschenpark.tripod.com), S. 7.
[26] Vgl. Sloterdijk, Menschenpark, S. 8.

auch die Folgerung ziehen, dass er nur durch Selektion menschlich bleiben kann. Wenn die Menschen glauben, dass sie in der Evolution durch Selektion sie selbst geworden sind, dann müssen sie heute folgerichtig die Möglichkeiten der Gentechnik anwenden, um Fehlentwicklungen auszuschließen.

Vielleicht unbewusst fördert Sloterdijk mit seinen Ausführungen einen Widerspruch der Naturphilosophie zu Tage. Wenn der Mensch gegenüber dem Wirklichkeitsvorsprung des Tieres als Mängelwesen charakterisiert wird, dann macht die These vom Werden des Menschen durch Selektion keinen Sinn. Sloterdijk will gewissermaßen aus dem gescheiterten Tier durch Züchtung ein erfolgreiches machen. Heidegger hat diese Problematik vermutlich voraus geahnt und das vermeintliche Defizit als Fähigkeit des Menschen gesehen: Dem Selektionsdruck Stand zu halten und ein unvollendetes Wesen bleiben zu können, welches sich die Fülle der Möglichkeiten bewahren konnte. Gegenüber Klauen, Pfoten und Hufen besitzt die menschliche Hand eine unverwirklichte und daher „bewahrte" Fähigkeit zu Anwendungen, die den Tieren versagt sind. Heidegger sieht völlig klar, dass in Wirklichkeit das Tier durch die Unfähigkeit zum Bewahren von Möglichkeiten „benommen" ist und sich nicht zum Sein verhalten kann. Folgerichtig könnte man sagen: Das Tier ist der gescheiterte Mensch.

Für die soziologische Theorie ergibt sich aus der Absage an das Bild vom Menschen als „Mängelwesen" und der Hinwendung an ein Weltbild das den Menschen in der Fülle seiner Möglichkeiten sieht, welche er *nicht* durch zweckrationales Handeln ausschöpfen muss, sondern als unerschöpfliche Quelle für subjektive Entwürfe bewahren kann, eine ganz neue Perspektive. Das kausale Denken, welches stets mit der Verwirklichung von Zielen verbunden ist, würde zurücktreten hinter Ansätzen, welche die Komplexität des Seins „sein" lassen. Mit dem Begriff der „Affektlogik" hat der Psychiater und Psychologe Luc Ciompi z.B. einen erfolgreichen systemtheoretischen Ansatz entwickelt um die ständige Wechselwirkung zwischen globalen psychisch-körperlichen Gestimmheiten und Denken und Verhalten als operative Felder zu untersuchen.[27]

5. Heideggers Wirkung auf die kritische Soziologie

Heideggers philosophisches Denken entwickelte sich zwischen den beiden Weltkriegen. In der Philosophie dieser Zeit kam ein Wandel des allgemeinen Lebensgefühls zum Ausdruck. Die idealistische Philosophie des Neukantianismus erschien nach der Erschütterung des ersten Weltkrieges vielen unglaubwürdig. Die damals aufkommende „Existenzphilosophie" thematisierte die Irrationalität des Lebens.[28] Heidegger war von dem revolutionärem Aufbegehren gegen die herrschende Kathederphilosophie stark beeinflusst und galt bald als der Epoche machende kritische Denker seiner Zeit. Auf seine Anfälligkeit gegenüber dem aufkommenden Nationalsozialismus kann hier nicht eingegangen werden.

Heideggers Unbehagen an der subjektzentrierten Vernunft sowie seine Kritik an der technischen Instrumentalisierung der Sprache und des Denkens wurden von Sozialphilosophen seiner Zeit begeistert aufgenommen. Die ontisch-ontologische Differenz zwischen Sein und Seiendem wurde allerdings nur von wenigen verstanden und war oft Gegenstand von Polemiken – so in der Schrift Adornos über den „Jargon der Eigentlichkeit".[29] Die französische Philosophie wäre in weiten Teilen ohne das Einwirken Heideggers nicht vorstellbar – insbesondere die Existenzphilosophie von Jean-Paul Sartre und Albert Camus. Sartre wiederum hat in seinem Spätwerk „Der Idiot der Familie Gustave Flaubert 1821 bis 1857" wesentliche Beiträge für eine materialistische Soziologie geleistet.[30]

---

[27] Vgl. Luc Ciompi: Die emotionalen Grundlagen des Denkens. Entwurf einer fraktalen Affektlogik. Göttingen: Vandenhoek, 1999.
[28] Vgl. Hans Georg Gadamer: Zur Einführung. In: Martin Heidegger: Der Ursprung des Kunstwerks. Reclam Universal Bibliothek Nr. 8446. S. 94.
[29] Vgl. Theodor Adorno: Der Jargon der Eigentlichkeit. Frankfurt/M., Suhrkamp, 1964.
[30] Vgl. Jean-Paul Sartre: Der Idiot der Familie Gustave Flaubert 1821-1857, Bd. 1-5. Reinbek: Rowohlt, 1977.

Die bedeutendsten Wirkungen für die soziologische Theoriebildung hatte Heidegger auf die Gründer des Frankfurter Instituts für Sozialforschung, Max Horkheimer und Theodor Adorno sowie auf Herbert Marcuse und Jürgen Habermas. Die „kritische Soziologie" griff die Kritik Heideggers an der Logik der Philosophie und der Wissenschaften auf und fühlte sich ermutigt, dem Positivismus und Pragmatismus einen hermeneutischen Bezug entgegen zu setzen, der subjektive Wertorientierungen akzeptierte. Max Horkheimer traf in seinem Werk „Die Kritik der instrumentellen Vernunft" die Unterscheidung zwischen subjektiver und objektiver Vernunft.[31] Die subjektive Vernunft ist ausschließlich an Zwecken orientiert. Dies ist nach Horkheimer deswegen problematisch, weil durch reine Zweckorientierung die objektive Vernunft gesellschaftlicher Entwicklungen und notwendiger Veränderungen weitgehend außer Kraft gesetzt wird. Jürgen Habermas, ebenfalls ein Heidegger-Schüler, entwickelte aus der Tradition der Frankfurter Schule die Fragestellung, wie eine kritische Theorie der Gesellschaft beschaffen sein muss, die dem erreichten Stand der Technik und der Sozialforschung gerecht werden will. In seinen Schriften „Technik und Wissenschaft als 'Ideologie'" (1968), „Erkenntnis und Interesse" (1968) und „Theorie des kommunikativen Handelns" (1981) traf er die Unterscheidung zwischen „zweckrationalem" und „kommunikativem Handeln. Es gibt nach Habermas keine über den Erkenntnisinteressen stehendes unabhängiges Erkennen. Jedes Erkennen ist unaufhebbar von anthropologisch tief verankerten und entwicklungsgeschichtlich angelegten Interessen geleitet. Habermas erkannte, dass Intersubjektivität konstitutiv ist für Vernunft.

Der Einfluss der Kritischen Theorie erfuhr durch die Studentenbewegung Anfang der 70er Jahre an Universitäten, in Verlagen und in den Kulturredaktionen eine enorme Aufwertung. Gleichzeitig haben Schriften wie der „Jargon der Eigentlichkeit" von Adorno die Polemik der Studenten gegen Heidegger unterstützt und dazu beigetra-

---

[31] Vgl. Max Horkheimer: Zur Kritik der instrumentellen Vernunft. Vorträge und Aufzeichnungen seit Kriegsende. Frankfurt/M.; Fischer, 1985

gen, dass der Einfluss der Heidegger-Schule in Deutschland deutlich zurück ging. Seine Fundamentalontologie, die nach dem Sinn des Seins fragt, die Oberfläche des Seienden vom Sein zu unterscheiden lehrt und mit dem Begriff des Daseins eine positive Bestimmung des Menschen in der „Lichtung des Seins" vornimmt, wird allerdings auch weiterhin für die verstehende Soziologie, die phänomenologische Theoriebildung und die Weiterentwicklung der hermeneutischen Methode eine Rolle spielen.

Literatur

Adorno, Theodor: Der Jargon der Eigentlichkeit. Frankfurt/M., Suhrkamp, 1964.

Ciompi, Luc: Die emotionalen Grundlagen des Denkens. Entwurf einer fraktalen Affektlogik. Göttingen: Vandenhoek, 1999.

Gadamer, Hans Georg: Zur Einführung. In: Martin Heidegger: Der Ursprung des Kunstwerks. Reclam Universal Bibliothek Nr. 8446.

Heidegger, Martin: Die Zeit des Weltbildes. In: Martin Heidegger. Gesamtausgabe. Bd. 5: Holzwege. Frankfurt/Main: Klostermann 1977, S. 87-94.

Heidegger, Martin: Sein und Zeit. Tübingen: Max Niemeyer, (15. Auflage) 1979.

Heidegger, Martin: Über den Humanismus. Frankfurt am Main: (10. erg. Auflage) Klostermann 2000.

Horkheimer, Max: Zur Kritik der instrumentellen Vernunft. Vorträge und Aufzeichnungen seit Kriegsende. Frankfurt/M.: Fischer, 1985

Sartre, Jean-Paul: Der Idiot der Familie Gustave Flaubert 1821-1857, Bd. 1-5. Reinbek: Rowohlt, 1977.

Sloterdijk, Peter: Regeln für den Menschenpark. Ein Antwortschreiben zum Brief über den Humanismus. Vortrag im Rahmen der Schloss Elmau Symposien zur Philosophie am Ende des Jahrhunderts. Frankfurt/M.: Suhrkamp, 1999, (http://menschenpark.tripod.com), S. 7.

Zusammenfassung

Eine verbreitete Theorie des 19. und des beginnenden 20. Jahrhunderts ist, dass der Mensch eine Sonderstellung in der Natur einnimmt, indem er einerseits eine animalische Natur hat, die durch die Zivilisation gezähmt und entwildert werden muss. Zum anderen wird der Mensch als Mängelwesen charakterisiert, das durch weitgehende Instinktlosigkeit und eine lange Kindheits- und Jugendperiode gekennzeichnet ist. Dieser Naturphilosophie setzt Heidegger seine Daseinsphilosophie entgegen, in welcher der Mensch durch die Kunst des Verstehens und die Fähigkeit zum Fragen grundsätzlich als vom Tierreich getrennt gesehen wird. Der Defizittheorie der Anschauung vom Mängelwesen stellt er eine in seiner Sicht positive Bestimmung des Menschen gegenüber, die den Menschen als existierend in der Lichtung des Seins sieht. Das Tier ist demgegenüber das eigentliche Mängelwesen, da es durch seine Instinkte „benommen" und wie die Pflanze in seine Umwelt eingespannt ist. Um das Sein von Tier und Pflanze von dem des Menschen abzugrenzen, bezeichnet er das letztere als „Dasein". Ein Entwicklungsgedanke, der die menschliche Lebensform in einem Kontinuum mit nichtmenschlichen Tieren sieht, ist Heidegger fremd.

Leibniz: Die Stufenleiter der Erkenntnis, Nominal- und Realdefinition

1. Betrachtungen über die Erkenntnis, die Wahrheit und die Ideen[32]

1.1 Was ist Wahrheit

In dieser Schrift will Leibniz Wahrheit durch erkenntnisimmanente Kriterien erfassen. Wahr ist für ihn, was evident ist, d.h. als begrifflich klar und deutlich gekennzeichnet werden kann. Wann ist ein Begriff oder eine Idee KLAR? Leibniz nennt drei Merkmale:[33]

1. Der Begriff muss unverkennbare Unterscheidungen erlauben.

2. Das Objekt muss von ähnlichen anderen abgrenzbar sein und

3. Es muss wieder zu erkennen sein.

Als DUNKEL ist dementsprechend eine Erkenntnis zu werten, die keine Abgrenzung und kein Wiedererkennen erlaubt. Die Ursachen hierfür können vielfältig sein. Leibniz führt als Hauptgründe für eine dunkle Erkenntnis an, dass entweder die Erinnerung an das Objekt schwach ist oder ein Begriff unzulänglich definiert wurde. Wenn ich mich an ein Objekt, eine Person oder eine Situation nur „dunkel" erinnern kann, fehlen mir die Vergleichsmöglichkeiten. Ich habe keine Unterscheidungsmerkmale und könnte diese gegebenenfalls nicht wiedererkennen. Ähnlich verhält es sich mit grundlegenden Begriffen, wie z.B. „Idee" oder „Substanz". Wenn diese nicht genau geklärt werden, bleiben sie dunkel und leisten Vorurteilen Vorschub.

---

[32] Vgl. Gottfried Wilhelm Leibniz: Fünf Schriften zur Logik und Metaphysik. Stuttgart: Reclam, 1995 (Universal-Bibliothek Nr. 1898).
[33] Vgl. Michael Thomas Liske: Gottfried Wilhelm Leibniz. München: Beck, 2000, S. 159.

1.2 Was ist Klarheit?

Auch die klare Erkenntnis kann wiederum konfus oder deutlich sein. DEUTLICH ist ein Begriff, wenn es gelingt, ihn aufgrund von Merkmalen und Untersuchungen so genau zu beschreiben, dass er sich von anderen abhebt. Ein Goldprüfer vermag z.b. deutliche Prüfkriterien zu nennen, wie sich echtes von falschem Gold unterscheidet. Farbbegriffe sind dagegen VERWORREN. Wir sind zwar in der Lage, Farben durch Augenschein voneinander zu unterscheiden, gründen unsere Unterscheidung jedoch nicht auf distinktive Merkmale. Deshalb könnten wir z.B. einem Blinden nicht erklären, was die Farbe Rot ist.

KLAR ist eine Erkenntnis also, wenn ich in der Lage bin, das in der Erkenntnis Abgebildete wiederzuerkennen. Dennoch kann es sich um eine VERWORRENE Erkenntnis handeln, wenn ich die einzelnen Merkmale nicht anführen kann, die eine Unterscheidung von anderen ähnlichen Objekten möglich machen würden. Durch Sinneswahrnehmungen wie Schmecken und Riechen können wir zwar Objekte oft klar zuordnen, diese aber nicht durch eindeutige Merkmale so charakterisieren, dass sie unabhängig von unserer Sinneswahrnehmung erkannt werden können. Da andere über die gleichen Sinne und die Erinnerung daran verfügen, glauben wir, dass wir uns mit einem Qualitätsurteil wie „es schmeckt süß" oder es riecht unangenehm" begnügen zu können. Im Sinne der Erkenntnistheorie handelt es sich jedoch um eine verworrene Erklärung, da keine deutlich unterscheidbaren Merkmale angegeben wurden.

1.3 Wann ist eine Erkenntnis adäquat?

Handelt es sich um eine deutliche Erkenntnis, dann ist immer noch fraglich, ob sie dem Erkenntnisobjekt entspricht, also ADÄQUAT ist. Dies wäre zutreffend, wenn die Analyse bis zum Ursprung (bis zum Ende) geführt werden könnte. Aufgrund der Komplexität der Dinge lässt sich dieses Vorgehen jedoch kaum realisieren. Es kann bestenfalls am Beispiel des Zahlensystems verwirklicht werden. In den meisten Fällen muss man sich jedoch damit begnügen, nicht gleich das ganze Wesen eines Gegenstands ergründen zu können. In diesem Falle werden „Zeichen" verwendet, Symbole, deren Erklärung man aus Zeitgründen unterlässt, denn man kann nicht alle Merkmale gleichzeitig denken bzw. untersuchen. INADÄQUAT ist eine Erkenntnis, die zwar in ihrer Analyse deutlich ist, dem Gegenstand aber nicht entspricht.

1.4 Was ist eine Nominaldefinition?

Die bisherigen Bestimmungen erlauben lediglich, einen Gegenstand so zu beschreiben, dass er aufgrund seiner Merkmale deutlich von anderen unterschieden, abgegrenzt und wiedererkannt werden kann. Begriffsbestimmungen, die auf diese Weise zustande kommen, nennt Leibniz NOMINALDEFINITIONEN, weil sie nur dem Namen nach klar sind. Sie geben dagegen keinerlei Auskunft über die Ursache eines Objekts oder darüber, in welchem (Kausal-)Zusammenhang es mit anderen steht.

1.5 Die Rolle der Intuition und die Realdefinition

Der Ursprung eines Dinges lässt sich mit einer Aufzählung charakteristischer Besonderheiten nicht erfassen. Dazu bedarf es einer völlig anderen Herangehensweise, der INTUITION. Diese ist dadurch gekennzeichnet, dass die gesamten Merkmale und deren Zusammenhang durch einen Vorgang der INNEREN ERFAHRUNG auf einmal geschaut werden.[34] Dieser Weg der Erkenntnis führt zu REALDEFINITIONEN. Während Nominaldefinitionen nur die Merkmale einer Sache enthalten, geben Realdefinitionen Auskunft über die Möglichkeit einer Sache. Es handelt sich im weitesten Sinne um „Ideen".

---

[34] Vgl. Liske, Gottfried Wilhelm Leibniz, S. 159.

1.6 Wahre Ideen

Eine WAHRE IDEE ist dadurch von falschen unterschieden, dass sie widerspruchsfrei ist. Falsche Ideen enthalten dagegen Widersprüche oder zumindest einen Widerspruch. Die Möglichkeit einer Idee oder Sache kann entweder erfahrungsvorgängig (a priori) oder durch Erfahrung (a posteriori) erfasst werden. Wenn es sich um eine a priori Erkenntnis handelt, sind wir in der Lage, einen Begriff in seine Bestandteile aufzulösen oder in Verbindung mit anderen Begriffen zu bringen, deren Möglichkeit bekannt ist. A posteriori bedeutet, dass wir die Erfahrung machen, dass das Ding wirklich existiert – denn dann ist es auch möglich. Die Erkenntnismöglichkeiten sind jedoch begrenzt. Leibniz warnt in diesem Zusammenhang davor, leichtfertig mit Ideen umzugehen. In Wirklichkeit handelt es sich oft um Einbildungen. Will man nicht trügerischen Ideen aufsitzen, so sein Fazit, dann sollte man unbedingt die Regeln der allgemeinen Logik beachten.

1.7 Zusammenfassung und Interpretation

In dieser kleinen Schrift kommt es Leibniz darauf an, erkenntnisimmante Kriterien der Wahrheitsfindung zu benennen. Nominaldefinitionen werden als unerlässlicher Schritt gewertet, um die Dinge zu erfassen und klar abzugrenzen. Einsichten qualitativ völlig anderer Art, die es erlauben, den Ursprung eines Gegenstands zu erforschen oder Kausalzusammenhänge zu formulieren, berührt Leibniz in dieser Schrift nur am Rande. Intuition und Idee werden nur erwähnt, um der Nominaldefinition den Begriff der Realdefinition gegenüber zu stellen. Ein einzelner Gegenstand oder ein einzelnes Ereignis können letztlich nur dann treffend erkannt werden, wenn sie in ihren komplexen Zusammenhängen sichtbar werden. Da jedoch die menschliche Erkenntnis begrenzt ist und ihr die vollständige Erfassung der komplexen Verbindungen und des Ursprungs der Dinge verschlossen ist, sind die Menschen auf Teilerkenntnisse angewiesen und müssen besonders darauf achten, dass die Begriffe, die sie benutzen, nicht konfus oder dunkel sind.[35]

2. Die metaphysische Abhandlung[36]

2.1 Nominaldefinition – Zweifel an der Möglichkeit eines Gegenstands

In der 2 Jahre später veröffentlichen metaphysischen Abhandlung knüpft Leibniz an dem Gedanken der Klarheit an. Zunächst wiederholt er die wichtigsten Unterscheidungen seiner früheren Betrachtungen. Wahre Ideen sind immer mit der Möglichkeit eines Gegenstandes verknüpft. Es muss außerdem die Gewissheit dieser Möglichkeit vorhanden sein ($23). Vielfach sind Ideen jedoch konfus. Erst wenn ich die Merkmale eines Dings hinreichend erklären kann, ist die Erkenntnis deutlich. Es gibt allerdings Grade der distinktiven Erkenntnis. Nur eine Erkenntnis, die zu den Ursprüngen führt, ist adäquat. Ich gelange jedoch nicht durch eine Nominaldefinition – d.h. die Aufzählung einzelner Merkmale zum Ursprung, sondern durch einen Weg der Erkenntnis, der am besten durch den Begriff der Intuition beschrieben wird: Bei diesem Erkenntnisvorgang erfasst der Geist mit einem Mal distinktiv alle ursprünglichen Bestandteile eines Begriffs. Da Intuition aber sehr selten ist, stützen sich die meisten Menschen auf Annahmen. Von Nominaldefinitionen spricht Leibniz in diesem Zusammenhang, wenn noch Zweifel bestehen, ob der definierte Begriff möglich ist.

---

[35] Vgl. Liske, Leibniz, S. 152.
[36] Vgl. Gottfried Wilhelm Leibniz: Metaphysische Abhandlung. 2. durchges. Aufl. mit erg. Literaturhinweisen. Hamburg: Felix Meiner Verlag, 1985. (Philosophische Bibliothek; 260).

2.2 Die Realdefinition führt zum Ursprung eines Objekts

Sobald die Eigenschaft eines Dings jedoch seine Möglichkeit erkennen lässt, handelt es sich um eine REALDEFINITION. Eine Nominaldefinition lässt keine sicheren Folgerungen zu, da durch sie keine Widersprüche entdeckt werden können.

Bei Bekanntwerden eines Widerspruchs müssten dann andere Schlüsse gezogen werden. Wahrheiten können daher nie aufgrund von NOMINALDEFINITIONEN formuliert werden. Skeptisch äußert sich Leibniz gegenüber der Möglichkeit, REALDEFINITIONEN durch Erfahrung zu begründen. Eine solche Definition wäre nicht kausal. Um aus einer realen Definition auch eine kausale zu machen, müsste ein apriorischer Beweis hinzu kommen, der die mögliche Erzeugung des Dinges mit einschließen würde ($24). Erst dann dürfte man von einer vollkommenen oder wesentlichen (Real-)Definition sprechen.

2.3 Der Ursprung der Ideen

Wie aber ist der Ursprung der Ideen zu verstehen? Leibniz verwirft alle Fiktionen, mit denen die Vorstellung vermittelt wird, die Seele empfange von außen, gewissermaßen durch Türen und Fenster Bilder und Eindrücke. Er ist grundsätzlich davon überzeugt, dass die Idee eines Gegenstands oder eines Ereignisses bereits im Menschen vorhanden ist, auch wenn dieser sie (noch) nicht reflektiert. Ideen sind daher angeboren. An das Alltagsverständnis der Menschen macht Leibniz jedoch Zugeständnisse, denn künftige Ideen können sich seiner Ansicht zunächst auch in missverständlichen oder sogar falschen Annahmen ausdrücken. Um deutlich zu machen, das er sich mit seinem Konzept der angeborenen Ideen auf Platons Ideenlehre stützt, zitiert er den Dialog Menon, in welchem ein Sklave durch Sokrates so geschickt an die Lösung eines geometrischen Problems heran geführt wird, das seine Aussagen gewissermaßen von innen kommen und der Anschein erweckt wird, dass er die Ideen bereits vorher hatte und sich in dem Gespräch wiedererinnerte. Die Seele weiß virtuell bereits alles und gelangt durch Aufmerksamkeit zur Erkenntnis der Wahrheit ($26). Der Bezug auf Platon ist von Leibniz wohl auch deshalb bewusst gewählt, weil er das dialogische Prinzip als Denkhaltung persönlich sehr schätzte.[37]

2.4 Ideen kommen aus der inneren Erfahrung

Vehement richtet sich Leibniz gegen die Auffassung des Aristoteles von der tabula rasa der Seele, der zufolge diese zu Beginn der menschlichen Existenz ein „unbeschriebenes Blatt" ist und sich erst durch Lernprozesse, d.h. durch die Verarbeitung sinnlich erfahrener Reize und Anregungen der sozialen Umwelt heran bildet. Diese und ähnliche Vorstellungen verurteilt er jedoch nicht vollkommen, da sie dem gesunden Menschenverstand entsprechen. Das Denken ist jedoch mehr als nur Erfahrung. Es ist nicht nur ein aufnehmendes (rezeptives), sondern ein aktives Vermögen.[38] Die Erfahrung kann niemals zu metaphysischen Wahrheiten führen. Dennoch enthält sie oft die Elemente, welche die Seele zu bestimmten, für die Wahrheit wichtigen Gedanken lenken. Deshalb lässt Leibniz auch gelten, wenn Anhänger des Kopernikus weiterhin behaupten, dass die Sonne auf- und untergeht. Diese Wahrnehmung ist für die Menschen evident, weil sie mit ihrer unmittelbaren Erfahrung übereinstimmt. In der weiteren Reflexion des Sinnesmaterials (z.B. über das Verhältnis von Erde und Sonne) können Erkenntnisse heran reifen, welche die Seele zur wahren Einsicht führen. Den Alltagsmenschen fehlt jedoch in der Regel die Fähigkeit, die in ihrer alltagssprachlichen Denkpraxis enthaltenen formalen Denkstrukturen zu reflektieren.[39] Ein Erkennen kann nur zustande kommen, wenn der Intellekt das von den Sinnen wahrgenommene Material aktiv durch die aus dem Inneren entspringenden Begriffe strukturiert und universale Prinzipien entwickelt.[40]

---

[37] Vgl. Liske, Leibniz , S. 12 und 20.
[38] Vgl. Liske, Leibniz , S. 151.
[39] Vgl. Liske, Leibniz, s. 153.
[40] Vgl. Liske, Leibniz, S. 151.

Leibniz stellt sich also zunächst auf den Standpunkt des gesunden Menschenverstandes, indem er anerkennt, dass das Bewusstsein von der Seele üblicherweise auf die Alltagssprache und das Alltagsverständnis von den Dingen beschränkt ist. Von Philosophen verlangt er allerdings eine Erweiterung des Denkens auf komplexe Zusammenhänge. Ein Gegenstand oder ein Ereignis wird für ihn nur dann angemessen erkannt, wenn das gewöhnliche Denken, das sich auf der Erfahrungsebene bildet, überschritten wird:

> „Wenn wir jedoch die Exaktheit metaphysischer Wahrheiten anstreben, sollten wir uns klar machen, dass die Weite und Unabhängigkeit der Seele unendlich weiter reicht als das gewöhnliche Denken" (§27).

Diesen Gedanken verfolgt Leibniz hier jedoch nicht weiter. Ihm kommt es darauf an, auch bei schwierigen Zusammenhängen Zweideutigkeiten zu vermeiden und klare Ausdrücke von verworrenen zu unterscheiden. Deshalb bezeichnet er Ausdrücke, die in der Seele sind als *Ideen*. Bezeichnungen, die erfasst oder gebildet werden, nennt er dagegen *Begriffe*. Falsch ist aber seiner Ansicht nach die Behauptung, dass alle Begriffe aus der Erfahrung (den sogenannten äußeren Sinnen) stammen. Denn wenn ich mir Gedanken über mich selbst, über meine Gedanken, meine Existenz (mein Sein), über die Substanz, die Aktion, die Identität und anderes mehr mache, stütze ich mich auf meine INNERE ERFAHRUNG.

2.5 Gott ist die Ursache und das Licht der Seele

Auch die angeborenen Ideen müssen eine Ursache haben. Von außen kann diese nicht kommen. Leibniz nennt *„die immerwährende Einwirkung Gottes auf uns"* als Ursache dafür, dass die Seele die Ideen aller Dinge hat. Den Beweis führt er nach dem Prinzip von Ursache und Wirkung: Da jede Wirkung ihre Ursache ausdrückt, muss die

> „Wesenheit unserer Seele ein bestimmter Ausdruck oder eine Nachahmung oder ein Abbild der göttlichen Wesenheit, des göttlichen Denkens und Willens und aller darin begriffenen Ideen"

sein. Daraus ist zu schließen, dass wir in allem, was wir denken, Subjekt sind. Das einzige Objekt außerhalb von uns ist Gott. Er ist gewissermaßen unser Licht oder die Sonne der Seele. Durch ihn sehen wir alle Dinge. Leibniz weist darauf hin, dass diese Ansicht nicht neu ist. Sie wurde von den Kirchenlehrern, die sich auf Platon stützten – vor allem von den Scholastikern – bereits früher vertreten.

2.6 Die aktive Fähigkeit der Seele (§29)

Auch bei dieser Erkenntnis bleibt Leibniz nicht stehen. Aus dem Argument, dass Gott die Ursache der Ideen in unserer Seele ist, muss seiner Ansicht nach nicht unbedingt geschlossen werden, dass die Seele ein passiver Empfänger der Ideen ist, die aus Gott kommen. Im Gegenteil. Wenn man die Überlegungen zu den Substanzen und über die unendliche Weite und Unabhängigkeit der Seele berücksichtigt, muss man nach Leibniz' Ansicht zu dem Schluss kommen, dass die Seele die aktive Fähigkeit besitzt, zukünftige Gedanken (Ideen) auszudrücken und zugleich die Disposition besitzt, dies zur rechten Zeit zu tun.

In seinen Überlegungen über die Substanz (§8-§17) hatte Leibniz ausgeführt, dass Gott jedem Individuum eine unverwechselbare Substanz verliehen hat, die dem existierenden vollständigen Begriff dieser Person entspricht. Das Wesen einer individuellen Substanz besteht demnach darin,

> „dass ihm ein derart vollkommener Begriff eigen ist, der ausreicht, alle Prädikate des Subjekts, dem dieser Begriff zukommt, zu verstehen und aus ihm herzuleiten" (§8).

Eine individuelle Substanz bringt alle ihre Zustände aus sich selbst hervor. Indem sie zum jeweils künftigen Zustand hin strebt, birgt sie eine Kraft, die in der Gegenwart das Zukünftige mit einschließt.[41]

---

[41] Vgl. Liske, Leibniz , S. 93.

Damit folgt sie einem aktiven Prinzip.[42] Kraft ihrer individuellen Substanz schließt die Seele alles ein, was ihr (in der Zukunft) begegnet. Sie drückt Gott und alles Seiende aus *„wie eine Wirkung ihre Ursache ausdrückt"* (§29). Da keine Substanz der anderen gleicht, kann auch die Seele nicht durch die Ideen eines anderen denken.

Um die Aktivität der Seele zu beweisen, greift Leibniz schließlich auf ein Plausibilitäts-Argument zurück: Wenn die Seele denkt, ist sie in einer bestimmten Weise *bewegt*. Sie besitzt daher nicht nur die passive Fähigkeit, die aus der Abhängigkeit ihrer Substanz aus Gott herrührt und die bereits eine Bewegung enthält, sondern auch eine ihr eigene aktive Fähigkeit. Der Natur der Substanz und damit der Seele entspricht es, in ihrem Inneren immer schon Anzeichen für Ideen wahrzunehmen und sich auf die *„zukünftige Entstehung dieses Gedankens"* auszurichten. In jedem Gedanken ist bereits alles enthalten, was die Idee betrifft – auch, wenn es noch nicht vollkommen klar ausgedrückt worden ist.

2.7 Zusammenfassung und Interpretation

In den Abschnitten (§23-§29) dieser Schrift geht es Leibniz darum, die erkenntnis-immanenten Kriterien seines Wahrheitsbegriffs zu vertiefen. Im Mittelpunkt der Betrachtung stehen die Bestimmungen der Möglichkeit eines Gegenstands oder eines Ereignisses, d.h. deren REALDEFINITION. Nur diese führt zum Ursprung und erlaubt kausale Bestimmungen. Die empirischen Erfahrungen spielen in Leibniz' Denken eine untergeordnete Rolle. Sie führen nicht zum Ursprung, weil sie der Beliebigkeit der subjektiven Wahrnehmung verhaftet sind. Dagegen wertet er die INNERE ERFAHRUNG hoch. Wenn wir diese nicht hätten, könnten wir z.B. keine Aussagen über den Substanzbegriff treffen.[43] Obgleich es sich hier um ein zentrales Moment handelt, da die inneren Erfahrungen gewissermaßen die

---

[42] Vgl. Andreas Blank: Der logische Aufbau von Leibniz' Metaphysik. Berlin; New York: Walter de Gruyter, 2001, S. 16. (Quellen und Studien zur Philosophie Bd. 51, hrsg. V. Jürgen Mittelstraß, Günther Patzig und Wolfgang Wieland).
[43] Vgl. Blank, logischer Aufbau, S. 49.

Basis aller Realdefinitionen bilden, wird dieser Aspekt nicht weiter ausgeführt. Daraus lässt sich schließen, dass Leibniz in der metaphysischen Abhandlung logischen Begründungsstrategien den Vorrang einräumt.[44]

Leibniz betont den dialogischen Zusammenhang zwischen alltagssprachlichem Denken und philosophischer Erkenntnis. Bewusstsein ist für ihn das aus der unmittelbaren Erfahrung gewonnene Denken der philosophisch nicht geschulten Menschen. Dem steht die Reflexion des Philosophen gegenüber, der *„exakte metaphysische Wahrheiten"* anstrebt. Der Philosoph ist sich im Klaren darüber – oder sollte es sein – dass

> „die Weite und Unabhängigkeit der Seele unendlich weiter reicht als das gewöhnliche Denken".

Gerade deshalb ist es aber nötig, einen unzweideutigen Begriff der Idee zu haben. Leibniz findet ihn, seinem Ansatz der individuellen Substanz als dem vollständigen Begriff und der inneren Erfahrung folgend, indem er Ideen als Ausdrücke in der Seele bezeichnet. Dem stellt er den Ausdruck „Begriff" gegenüber, der Dinge bezeichnet, die den äußeren Sinnen zugänglich sind. Er fügt aber gleich hinzu, dass nicht alle Begriffe aus der Erfahrung (den Sinnen) stammen, denn Begriffe, wie „Substanz „oder „Ich" lassen sich nur aus inneren Erfahrungen – aus der Reflexion über meine Gedanken – formulieren.

Auch diesen Zusammenhang führt Leibniz nicht weiter aus, weil er die nächste Stufe der Erkenntnis ansprechen will: Wo haben angeborene Ideen ihren Ursprung? Sind sie einfach da? Den Gedanken der Präexistenz angeborener Ideen, d.h. ihren Ursprung außerhalb der aktuellen menschlichen Existenz – wir würden heute vielleicht sagen, im Sinne einer Seelenwanderung oder Karma - hatte er bereits im Zusammenhang mit dem Menon-Dialog Platons verworfen. Nun äußert er unmissverständlich, dass Gott das einzige Objekt

---

[44] Vgl. Blank, logischer Aufbau, S. 50.

außerhalb des Menschen ist und auf den Menschen wirkt. Die „*immerwährende Einwirkung Gottes auf uns*" bildet die Ursache dafür, dass die Seele die Ideen aller Dinge in sich trägt. Im Ausdruck der Seele drückt sich die <u>Wirkung</u> Gottes aus.

Hier zeigt sich der scheinbar unaufhaltsame Drang Leibniz', ständig weiter zu fragen und die Erkenntnis vorwärts zu treiben. Denn im Gegensatz zu vielen Denkern vor und während seiner Zeit leitet er aus dieser Abhängigkeit von Gott keinen passiven Charakter der Seele ab. Klar und eindringlich beweist er die Aktivität der Seele: Wenn die Aussagen über die unendliche Weite und Unabhängigkeit der Seele sowie über die individuelle Substanz als dem vollständigen Begriff akzeptiert werden, kann man nur zu dem Schluss kommen, dass die Seele aktive Fähigkeiten besitzt. Allein die Tatsache, dass wir denken, bedeutet Bewegung und damit Aktivität. Jeder Gedanke enthält im Sinne der Substanztheorie bereits Ansätze, die zu der umfassenden Idee eines Zustands oder Ereignisse führen. Auch hier ist also Aktivität. Die Aufgabe des Philosophen besteht darin, die <u>Logik der Aussagen</u> zu überprüfen, um ursprüngliche Zusammenhänge zu erkennen. Dieses Vorgehen unterscheidet sich wesentlich von der Begriffsanalyse der Nominaldefinitionen. Damit wird die Beziehung zum Unterschied von Nominal- und Realdefinition abschließend wieder aufgenommen. NOMINALDEFINITIONEN sind <u>begriffliche Analysen</u> anhand von Merkmalsunterschieden. Sie dienen der Klarheit und Eindeutigkeit von Definitionen und beziehen sich auch auf innere Erfahrungen. REALDEFINITIONEN dagegen sind <u>Aussagen über die Existenz</u> (Möglichkeit) von Zuständen oder Ereignissen. Sie führen die Gedanken zu den Ursprüngen des Seins und beanspruchen, Wahrheit auszudrücken.

Literatur

Blank, Andreas: Der logische Aufbau von Leibniz' Metaphysik. Berlin; New York: Walter de Gruyter, 2001, S. 16. (Quellen und Studien zur Philosophie Bd. 51, hrsg. V. Jürgen Mittelstraß, Günther Patzig und Wolfgang Wieland).

Couturat, Louis: Über Leibniz' Metaphysik (1903). In: Albert Heinekamp und Franz Schupp (Hrsg.): Leibniz' Logik und Metaphysik. Darmstadt: Wissenschaftliche Buchgesellschaft, 1988 (Wege der Forschung; Bd. 328), S. 57-80.

Jalabert, Jacques: Die Begriffe „Essenz" und „Existenz" in der Leibnizschen Philosophie. In: Albert Heinekamp und Franz Schupp (Hrsg.): Leibniz' Logik und Metaphysik. Darmstadt: Wissenschaftliche Buchgesellschaft, 1988 (Wege der Forschung; Bd. 328), S. 552-560.

Leibniz, Gottfried Wilhelm: Betrachtungen über die Erkenntnis, die Wahrheit und die Ideen. In: Fünf Schriften zur Logik und Metaphysik. Stuttgart: Reclam, 1995 (Universal-Bibliothek Nr. 1898), S. 9-16.

Leibniz, Gottfried Wilhelm: Metaphysische Abhandlung. 2. durchges. Aufl. mit erg. Literaturhinweisen. Hamburg: Felix Meiner Verlag, 1985. (Philosophische Bibliothek; 260).

Leibniz, Gottfried Wilhelm: Monadologie. Stuttgart: Reclam, 1998 (Reclam Universal-Bibliothek Nr. 7853).

Leibniz, Gottfried Wilhelm: Neues System der Natur und der Verbindung der Substanzen sowie der Vereinigung zwischen Seele und Körper (1695). In: Fünf Schriften zur Logik und Metaphysik. Stuttgart: Reclam, 1995 (Universal-Bibliothek Nr. 1898), S. 21-34.

Leibniz, Gottfried Wilhelm: Über den ersten Ursprung der Dinge (1697). In: Fünf Schriften zur Logik und Metaphysik. Stuttgart: Reclam, 1995 (Universal-Bibliothek Nr. 1898), S. 35-45.

Leibniz, Gottfried Wilhelm: Über die Verbesserung der ersten Philosophie und den Begriff der Substanz. In: Fünf Schriften zur Logik und Metaphysik. Stuttgart: Reclam, 1995 (Universal-Bibliothek Nr. 1898), S. 17-20.

Liske, Michael Thomas: Gottfried Wilhelm Leibniz. München: Beck, 2000.

Russell, Bertrand: Neue Arbeiten über die Philosophie von Leibniz (1903). In: Albert Heinekamp und Franz Schupp (Hrsg.): Leibniz' Logik und Metaphysik. Darmstadt: Wissenschaftliche Buchgesellschaft, 1988 (Wege der Forschung; Bd. 328), S. 81-117.

Stegmaier, Werner: Substanz, Grundbegriff der Metaphysik. Stuttgart-Bad Cannstadt: frommann-holzboog, 1977 (Problemata; 63).

Thesenpapier zu Leibniz: Die Stufenleiter der Erkenntnis, Nominal- und Realdefinition

I. Betrachtungen über die Erkenntnis, die Wahrheit und die Ideen

1. Was ist Wahrheit?

Wahr ist, was klar, deutlich und adäquat ist.

2. Was ist Klarheit?

Klar ist ein Begriff, wenn es gelingt, ihn aufgrund von Merkmalen und Untersuchungen so genau zu beschreiben, dass er sich von anderen abhebt.

3. Wann ist eine Erkenntnis adäquat?

Adäquat ist eine Erkenntnis, die dem Gegenstand entspricht. Dies trifft letztlich erst zu, wenn die Analyse bis zum Ursprung (bis zum Ende) geführt werden kann.

4. Was ist eine Nominaldefinition?

Eine Nominaldefinition ist eine Begriffsbestimmung, bei welcher die Merkmale sich deutlich von anderen unterscheiden, abgegrenzt und wieder erkannt werden können.

5. Was ist eine Realdefinition?

Realdefinitionen geben Auskunft über die Möglichkeit eines Gegenstands oder eines Ereignisses.

6. Was ist Intuition?

Bei einer Intuition werden sämtliche Merkmale eines Gegenstands und dessen Zusammenhangs auf einmal geschaut.

7. Worin unterscheiden sich wahre und falsche Ideen?

Wahre Ideen sind widerspruchsfrei, falsche enthalten einen oder mehrere Widersprüche.

II. Die metaphysische Abhandlung

8. Worin besteht der Unterschied zwischen Nominal- und Realdefinition?

Bei Nominaldefinitionen bestehen Zweifel an der Möglichkeit eines Dings. Eine Realdefinition führt zum Ursprung eines Gegenstands oder eines Ereignisses.

9. Worin besteht der Ursprung der Ideen?

Ideen sind angeboren. Sie sind im Menschen vorhanden, auch wenn sie (noch) nicht oder nicht völlig zutreffend reflektiert werden.

10. Woher kommen die Ideen?

Ideen kommen aus der inneren Erfahrung. Sie können nicht aus der empirischen Erfahrung kommen, weil die sinnliche Wahrnehmung zu willkürlichen Ergebnissen führt. Dem Alltagsmenschen fehlt die Fähigkeit, die formalen Denkstrukturen so zu reflektieren, dass er zu exakten metaphysischen Wahrheiten gelangt.

11. worin besteht die Ursache der Ideen?

Gott ist die Ursache, da er das einzig existierende Objekt außerhalb eines Individuums ist. Er ist gewissermaßen das Licht und die Sonne, durch welches wir die Dinge sehen.

12. Ist die Seele aktiv oder passiv?

Nach allem, was bisher über die Substanz, die unendliche Weite und Unabhängigkeit der Seele gesagt wurde, muss die Seele eine aktive Fähigkeit besitzen. Die Aktivität der Seele zeigt sich im Denkprozess: Denken ist aktive Bewegung.

Zusammenfassung

Leibniz geht es darum, die Wahrheit begrifflich klar zu fassen. Im Mittelpunkt seiner Betrachtung steht die Realdefinition eines Gegenstandes oder Ereignisses. Nur diese führt zum Ursprung. Nur diese erlaubt kausale Bestimmungen. Empirische Erfahrungen spielen für Leibniz eine untergeordnete Rolle, da sie aufgrund der Subjektivität der Wahrnehmung nicht den Ursprung erfassen. Die innere Erfahrung erfährt bei ihm dagegen eine hohe Wertschätzung. Ohne innere Erfahrung könnten wir keine Aussagen über die Substanz einer Person oder eines Dings machen. Die Seele ist aktiv. Allein die Tatsache, dass wir denken, bedeutet Bewegung bzw. Aktivität. Jeder Gedanke enthält im Sinne der Substanztheorie Ansätze, die zu Ideen des umfassenden Ganzen führen können. Der Philosoph prüft die Logik der Aussagen, um ursprüngliche Zusammenhänge zu erkennen. Dieses Vorgehen unterscheidet sich wesentlich von der Begriffsanalyse der Nominaldefinition.

Die „Protestantische Ethik" Max Webers und Meister Eckharts religiöse Auffassung vom „Gewerbe"

Einleitung

Die folgende Arbeit befasst sich mit dem weiten Bereich von Wirtschaft und Religion. Ausgangspunkt ist die berühmte Schrift Max Webers, „Die protestantische Ethik und der ʹGeistʹ des Kapitalismus" aus dem Jahr 1905. Weber vertritt darin die für einen Soziologen ungewöhnliche These, dass eine bestimmte Glaubenshaltung – der Prädestinationsglaube Calvins und seiner Nachfolger vor allem im schottischen und englischen Puritanismus – eine treibende Kraft für die Entstehung des Kapitalismus gewesen ist oder zumindest durch die „Wahlverwandtschaft" dieses Glaubens mit dem kapitalistischen Unternehmergeist eine zusätzliche Kraft entstanden ist. Calvin knüpfte an die Reformation Luthers an. Dieser hatte in der Auseinandersetzung mit dem Mönchsgelübde seine Grundthese entwickelt, dass nicht nur Mönche, sondern jeder in seinem weltlichen Tätigkeitsfeld „Berufung" erfahren können. Damit war nicht nur der Begriff des Berufs geboren, sondern die Aufmerksamkeit der Christen darauf gelenkt, sich mit den christlichen Aufgaben in der weltlichen Arbeit zu befassen.

Webers idealtypische Methode erzeugt einen (absoluten) Gegensatz zwischen Luther und Calvin, der mit den Begriffen „modern" (Calvin) und „traditionalistisch" (Luther) gekennzeichnet wird. In der Tat lagen die Schwerpunkte beider Reformatoren auf sehr verschiedenem Gebiet. Luther kam es darauf an, die Menschen in ihren alltäglichen Berufen im Glauben zu stärken und sie zu ermutigen, selbstbewusst als Christen aufzutreten – als Stallmagd, Bauer, Soldat, Fürst oder Richter. Calvin dagegen entwickelte aus der Vertreibung aus dem Paradies ein Weltbild, in welchem der Mensch in seinem Leben keinen Bezug zu Gott haben kann. Die quälende Frage, ob Gott mir in seinem unermesslichen Ratschluss Gnade zukommen lässt, kann ich nach menschlichem Ermessen nicht erfahren. Ich kann lediglich Zeichen deuten. Als Geschöpf Gottes habe ich allerdings die Gabe der Erkenntnis in Wissenschaft und Technik erhalten und muss diese in vollem Umfang anwenden – allein zur Ehre Gottes. Aus dieser Glaubenshaltung erwuchs nach Weber ein Unternehmergeist, der vor allem später die puritanischen Auswanderer nach Amerika beseelte.

Webers Aussagen zum Kalvinismus sind schlüssig. Das protestantische Arbeitsethos Luthers wird von ihm jedoch nicht mit der gleichen Sorgfalt behandelt. Die Arbeit untersucht daher die Doppelheit von Luthers Berufsverständnis als vocatio spiritualis und vocatio externa und schließt eine Analyse von Aussagen des Mystikers Meister Eckhart zu den Fragen von „Werk" und „Gewerbe" an. In einer Zusammenfassung wird heraus gearbeitet, dass sich die Dinge heute umgekehrt haben: Der Kalvinismus ist hoffnungslos traditionalistisch geworden. Das protestantische Arbeitsethos Luthers und die „Innerlichkeit" Meister Eckharts können dagegen eine Grundlage bilden, die „modernen" Fragen nach dem Sinn der Arbeit und Selbstverwirklichung zu beantworten.

1. Modernes Unternehmerethos und ökonomischer Traditionalismus

In seiner 1905 erschienenen Schrift: „Die protestantische Ethik und der 'Geist' des Kapitalismus" knüpft Weber zunächst an Beobachtungen von Wirtschaftshistorikern und Ökonomen an, welche die herausragende Rolle von Protestanten, insbesondere von Anhängern des Calvinismus bei der Entstehung des kapitalistischen Unternehmertums heraus stellten. Die Anregung für Webers Schrift gab die statistische Untersuchung seines Schülers Martin Offenbacher, der in einer empirischen Studie zwei für Weber sehr bedeutende Tatsachen belegen konnte (Weber 1993, 1):

- Die badischen Protestanten stellten im 19. Jahrhundert einen überproportionalen Anteil an Abiturienten. Dies kann zwar mit der meist städtischen Herkunft erklärt werden; gleichzeitig ließ sich aber nachweisen, dass die protestantischen Abiturienten überwiegend aus den Schultypen hervor gingen, die eine für technische oder kaufmännische Berufe geeignete Ausbildung vermittelten (Realgymnasien, Realschulen), während die katholischen Abiturienten eher humanistische Gymnasien besuchten.

- Protestantische Handwerksgesellen in Baden strebten in hoher Zahl nach gut bezahlten aber zugleich arbeitsintensiven Facharbeiterpositionen in der Industrie, während katholische Gesellen in der Regel die traditionellen Bahnen ihrer Berufe vorzogen und den Status eines Meisters anstrebten.

Diese Daten schienen zu belegen, dass badische Protestanten unabhängig von ihrer Schichtzugehörigkeit zu einer größeren Dynamik in der Berufswahl neigten und rationalen Überlegungen eher den Vorrang gaben als ihre katholischen Zeitgenossen. Weber wertete dieses Verhalten als größere Aufgeschlossenheit gegenüber der Dynamik des Wirtschaftslebens auf der einen Seite und Hang zum Traditionalismus auf der anderen Seite. Die Ergebnisse der Studie waren für ihn Anlass genug, die Ursachen für die Entstehung des typischen Verhaltensmusters moderner Unternehmer in der protestantischen Religion zu suchen. Entgegen der vorherrschenden liberalen Geschichtsschreibung, die den Wandel des Verhaltens des Bürgertums aus dessen *Freisetzung* von kirchlichen Zwängen erklärte, sah Weber in der religiös motivierten *Reglementierung der gesamten Lebensführung*, die in protestantischen Familien vorherrschte, den Ansatzpunkt der Erklärung für den „Geist" des kapitalistischen Unternehmers (Lichtblau/Weiß 1993, VII). Im Gegensatz zu Karl Marx erblickte er den Grund für das dem damals modernen Wirtschaftsleben adäquate Verhalten nicht hauptsächlich in der *äußeren* historisch-politischen Lage der Konfessionen, sondern in ihrer *inneren* Eigenart (Weber 1993, 4) Nicht ein Zuviel, sondern ein Zuwenig kirchlich-religiöser Beherrschung des Lebens war es demnach, was die Protestanten in den ökonomisch entwickeltsten Ländern an der katholischen Kirche kritisierten (Weber 1993, 3).

Max Webers argumentativer Ausgangspunkt liegt in der Feststellung, dass das Handeln von Unternehmern, die der modernen „kapitalistischen" Produktionsweise der westlichen Welt verpflichtet sind, durch spezifische Verhaltensmuster geprägt ist, welche er zusammen genommen als *„Ethos"* bezeichnet. Unter einem Ethos versteht er keine theologische oder moralische Forderung, sondern einen Habitus, d.h. ein typisches Handeln einer Person oder einer Gruppe von Personen, das an deutlich formulierte Werte und Verhaltensmaximen geknüpft ist. Für das Verhalten des modernen Unternehmers ist nach Weber typisch:

- Ein rastloses Erwerbsstreben
- Eine strenge Legalität hinsichtlich der Auswahl und Nutzung der Erwerbschancen
- Eine über bloßer Vertragsregeln hinaus gehende „sittliche Redlichkeit" gegenüber den Geschäftspartnern
- Ein rational berechnendes, durch Kalkulation abgesichertes Handeln, welches gegenüber profitsteigernden Innovationen offen ist
- Die Abwertung des Konsums gegenüber dem Erwerb
- Die Unterordnung der Person unter die Aufgabe. Die Unterordnung der eigenen Interessen unter die Interessen des Unternehmens (*leben, um zu arbeiten*)

Dem stellt er die typischen Elemente des ökonomischen Traditionalismus gegenüber:

- Die Haftung an überkommenen Erwerbstechniken und -methoden, ohne dass deren Effizienz überprüft wird
- Die skrupellose Ausnutzung sittlich oder rechtlich „anrüchiger" Erwerbschancen (z.B. Kriegsfinanzierung, Übervorteilung von ortsfremden Marktbesuchern usw.)

- Die Unterordnung des Betriebs unter die Belange und Interessen einer ständischen Lebensführung (*arbeiten, um zu leben*)

Im kalvinistischen Prinzip der göttlichen Prädestination findet er den Kern dieses Ethos angelegt. Webers Methode ist ausdrücklich nicht kausalanalytisch, sondern „idealtypisch". Die Darstellung ist brillant und hat Weltruhm erlangt. Es wird jedoch nicht ganz klar, weshalb ausgerechnet die übersteigerten und fast wahnhaften Anschauungen einer protestantischen Sektenorganisation die Masse der arbeitenden Bevölkerung beseelt haben sollen, die darauf bedacht war, ihr Auskommen zu finden.

2. Weltlicher Beruf und Heilsgewissheit

2.1 Der kalvinistische Prädestinationsglaube

Der Schweizer Reformator Calvin, ein Zeitgenosse Luthers, hob in seinen Schriften die Bedeutung eines christlichen Lebenswandels hervor. Der Gedanke der Erwählung durch Gnade spielte dabei eine große Rolle. Er ordnete die Arbeit unter den Leitsatz: Soli deo gloria – alle Tätigkeit dient dem Lobe Gottes. Der Christ soll versuchen durch gottgefällige Taten eigene Sünden zu sühnen. Mit seiner Arbeit und seiner ganzen Lebensführung antwortet er auf die göttliche Erwählung. Damit stellt sich aber auch die Frage, ob der Erfolg in der Arbeit als Zeichen göttlicher Erwählung gedeutet werden kann. Calvin selbst hat sich nie zu einer klaren Aussage in dieser Hinsicht durchringen können. Für ihn war es undenkbar, dass ein Christ sich die Gewissheit seiner Erwählung durch die methodische Kontrolle seiner Lebensführung verschaffen konnte. Erst bei seinen Nachfolgern, vor allem im englischen Puritanismus, wird der Erfolg in der Arbeit als gewisses Zeichen der persönlichen Erwählung gedeutet (Huber 2000, 6). Diese Entwicklung hat Max Weber zufolge das Arbeitsethos der kapitalistischen Leistungsgesellschaft bzw. den kapitalistischen „Geist" insgesamt entscheidend beeinflusst.

Calvin hatte – im Gegensatz zu Luther – der frühchristlichen Lehre Paulus' (Römerbrief 9,14-15) das Prinzip der *Prädestination* entnommen und diesem eine zentrale Rolle im Gesamtsystem seiner Lehre zugewiesen. Danach steht durch unergründlichen Ratschluss des transzendenten Gottes fest, wen er durch die in Jesus Christus erworbene Gnade zum ewigen Heil berufen und wen er verworfen hat. Der Einzelne kann sich das Heil seiner Seele weder durch gute Taten noch durch die Teilhabe an christlichen Sakramenten erwerben. Der Gläubige sucht eine Antwort auf die quälende Frage: „Bin *ich* denn erwählt? Und wie kann *ich* dieser Erwählung sicher werden?" (Weber 1993, 69). Das Streben nach der Heilsgewissheit konzentrierte sich zunehmend auf das Alltagsleben und die Berufsarbeit. Eine erfolgreiche Bewältigung des Berufs und die strikte Beherzigung der Gebote wurden zwar nicht als der „Beweis" der Gnadenwahl angesehen, stellten aber doch einen Erkenntnisgrund für die Erwähltheit dar. Wer im Alltagsleben fortwährend moralisch handelte, konnte darin Zeichen der Vorherbestimmung sehen bzw. sich als Werkzeug Gottes verstehen. Wer sich selbst als Werkzeug Gottes begreift und nicht als Ziel seines eigenen Handelns, kann aus seinem erfolgreichen Handeln Anhaltspunkte für die Gewissheit erlangen. Es ist daher sinnvoll, das innerweltliche Handeln so zu planen und zu kontrollieren, dass die Früchte kalkulierbar werden.

2.2 Innerweltliche Askese und rastlose Hingabe an den Beruf

Die Vorstellung, dass die Tüchtigkeit in der weltlichen Arbeit als Zeichen der göttlichen Erwählung angesehen werden kann, prägte nach Max Weber drei Verhaltensformen, die den Entwicklungserfordernissen des Kapitalismus entsprechen: (a) der rationalen Kontrolle der Welt, (b) der innerweltlichen Askese und (c) der Bewährung im Beruf. Aus der religiösen Idee der Gnadenwahl erwuchsen so mehrere handlungstreibende Motive, die der kapitalistischen Entwicklung wahlverwandt waren: Die wissenschaftliche Durchdringung der Natur zur Verherrlichung Gottes, Konsumverzicht, rationales Gewinnstreben und die individualistische Vorstellung von Bewährung im Beruf (Huber 2000,7). Vor allem letztere führte zu einer rastlosen Hingabe an die jeweilige Berufsaufgabe, da so besonders deutlich werden konnte, dass Gott einen in diesen Beruf gestellt hatte.

Der „Geist" des Kapitalismus, wie ihn Max Weber beschreibt, ist eine Gesinnung, deren Motive er den handlungsleitenden Regeln von Benjamin Franklins Traktaten „Advice to a young tradesman" (1748) und Necessary hints to those that would be rich (1736) entnahm. Es handelt sich dabei seiner Meinung nach um eine „ethisch gefärbte Maxime der Lebensführung" (Weber 1993, 13/14). Diese verpflichtet den Handelnden auf die Erfüllung beruflicher Aufgaben um ihrer selbst willen. Gewinnstreben hat es in vielen Kulturen gegeben. Aber erst die Auffassung des Gelderwerbs als eines den Menschen sich verpflichtenden *Selbst*zweckes, als „Beruf" macht den kapitalistischen „Geist" aus (Weber 1993, 30). Für die Entwicklung dieses Verhalten sind ganz bestimmte *ethische* Qualitäten erforderlich. Bequemer Lebensgenuss ist mit der neuen Haltung jedoch unvereinbar. Nicht das Glück und der Nutzen des Einzelnen zählen, sondern eine *Methodik*, die zum Erwerb von Geld und immer mehr Geld „unter strengster Vermeidung alles unbefangenen Genießens" führt (Weber 1993, 15).

2.3 Ökonomischer Traditionalismus und asketischer Protestantismus

Das Gegenbild zu dieser Art des rationalen Wirtschaftshandelns ist der Traditionalismus. Unternehmer, die im präkapitalistischen „Geist" handelten, waren einerseits von Habgier und skrupellosem Eigeninteresse getrieben, anderseits liebten sie die Behaglichkeit und den Genuss (Weber 1993, 18). Traditionell Wirtschaftenden ging es um ein auskömmliches Leben. „Arbeiten, dass man Güter kriegt, das ist recht", sagt auch Luther (zit. n. Huber 2000,7). Man dürfe aber nicht sein Herz daran hängen, denn „woran du dein Herz hängst, das ist dein Gott" (zit. n. Huber 2000,7). Im Widerspruch dazu richtete sich die Askese des radikalen Protestantismus scharf gegen ein Genießen der Güter dieser Welt und damit gesellschaftspolitisch gegen den ausschweifenden Lebensstil des Renaissanceadels. Gleichzeitig waren aber auch die so genannten Kleinen Leute gemeint, deren Wirtshausbesuch und der damit verbundene Genuss von Alkohol strengstens untersagt waren. Da den gläubigen Protestanten der Schritt in die Askese der klösterlichen Gemeinschaft versagt war, mussten sie die Askese innerweltlich bewältigen. Leitgedanke war dabei, dass alles zur höheren Ehre Gottes zu geschehen habe.

Während Luther an einer ständischen Gemeinschaftsordnung festhielt, bedeutete der Prädestinationsglaube der Puritaner eine Radikalisierung des Berufsgedankens. Die Schaffung und Wahrung weltlicher Kulturwerte und die ausdrückliche positive Bewertung innerweltlicher Sozialbeziehungen standen und stehen nicht im Zentrum dieses Glaubensdogmas. Durch alle Bereiche ihres Lebens zieht sich vielmehr der Gedanke der Bewährung. Er ist „als psychologischer Ausgangspunkt der methodischen Sittlichkeit gerade aus der Gnadenwahllehre und ihrer Bedeutung für das Alltagsleben (…) in `Reinkultur` zu studieren" (Weber 1993, 85). Während das religiöse Gefühl noch bei Luther von Frömmigkeit und Bußfertigkeit gekennzeichnet war, stand für die Calvinisten verschiedener Prägung die *Selbstkontrolle* des Individuums im Mittelpunkt der religiös motivierten Lebensführung: „Nur ein durch konstante Reflexion geleitetes Leben (…) kann als Überwindung des Status naturalis gelte: Descartes `cogito ergo sum` wurde in dieser ethischen Umdeutung von den zeitgenössischen Puritanern übernommen (Weber 1993, 78).

Die geschichtliche Ausprägung des rationalen Wirtschaftshandelns findet sich nur in den radikaleren Strömungen der Reformation, bei den angloamerikanischen Puritanern, bzw. den kontinentaleuropäischen Calvinisten und in den verschiedenen protestantischen Sekten (Quäker, Baptisten, Mennoniten, Methodisten, Pietisten). Weber prägte dafür den Kunstbegriff des *asketischen Protestantismus*(Weber 1993, 53). Mit dieser Begriffsschöpfung charakterisierte er nicht nur die strengere Reglementierung des gesamten Lebensalltags der Sektenangehörigen durch die religiösen Gebote, sondern auch die spezifische Wendung des für das mittelalterliche Mönchstum typischen Geistes in eine *Askese des Innerweltlichen*. Der asketische Protestant soll den Geboten der Bibel nicht in der Abgeschiedenheit des Klosters folgen, sondern in der Familie, in der sozialen Gemeinschaft und im Erwerbsleben.

Der dogmatische Glaube an die Gnadenwahl vereinzelt den Menschen und ist daher für Weber „eine der Wurzeln jenes illusionslosen und pessimistisch gefärbten Individualismus, der den asketischen Puritanismus auszeichnet " (Weber 1993, 63). Jeder ist auf sich gestellt. Vor Menschenhilfe und Menschenfreundschaft wird in frühen anglikanischen Predigten gewarnt: Man solle niemand trauen außer Gott (Baxter, zit. n. Weber 1993, 63).

3. Weltlicher Beruf als christliche Aufgabe

3.1 Der Begriff des Berufs bei Martin Luther

Martin Luther gewinnt sein Verständnis von „Beruf" durch die Kritik an den Mönchsgelübden. Die mittelalterliche Vorstellung eines besonderen Standes, dem aufgrund seiner Lebensform ein sicherer Weg zur Seligkeit verheißen ist, lehnt er ab. Die Opposition gegen die Vita contemplativa des Mönchstums als allein selig machenden Stand führt Luther zu einer Neubewertung der Arbeit. Für ihn gewinnt die Vorstellung an Bedeutung, dass *alle* weltlichen Stände in gleicher Weise ein Gott gefälliges Leben führen können, wenn sie ihre Arbeit aus dem christlichen Glauben verrichten (Vita activa). Rangunterschiede, wie sie das Mittelalter zwischen den drei Ständen der Mönche, des Klerus und den aktiv arbeitenden Schichten der Bürger und Bauern vornahm, haben in Luthers Augen keinen Bestand. Am Beispiel der Hausmagd erläutert er seine Haltung:

> „Wenn du eine geringe Hausmagd fragst, warum sie das Haus kehre, die Schüsseln wasche, die Kühe melke, so kann sie sagen: Ich weiß, dass meine Arbeit Gott gefällt, sintemal ich sein Wort und Befehl für mich habe" (Predigt 1532, zit. n. Huber 2000, 5).

Die Stellung des Menschen ist für ihn nicht durch Verdienste, sondern allein durch die Gnade Gottes und im Glauben begründet. Ähnlich wie später Calvin wendet Luther sich allerdings vehement gegen die Vorstellung, das menschliche Tätigsein *begründe* Verdienste hinsichtlich des Heils. Wer seine Arbeit mit einer solchen „kaufmännischen" Erwartung verbindet, fällt nach seiner Meinung ab vom Glauben (Huber 2000, 4).

3.2   Innere und äußere Berufung als christlicher Auftrag

Der Begriff „Beruf" wird von Luther vielschichtig und in seiner Entwicklung unterschiedlich gebraucht. In den Jahren 1522-1525 löst er sich von dem traditionellen Verständnis von *Beruf als Schickung* und füllt ihn mit dem neuen Inhalt des *Berufs als Aufgabe* ((Lehmann 1996, 38). Deutlich wird durch alle Aussagen das Bemühen um das Verständnis eines echten Gottesdienstes. Luther wendet sich gegen Menschen, die lieber ihren eigenen Interessen und den von ihnen gewählten Arbeiten folgen, statt dem Ruf Gottes. (Gatzen 1964, 21). Die Christen folgen für Luther in jeder Tätigkeit sowohl einer äußeren Berufung (vocatio externa) wie einer inneren (vocatio spiritualis). In allen Tätigkeiten – sei es als Stallmagd, als Mutter, als Ratsschreiber, Geistlicher oder Fürst – haben sie dem Ruf zu folgen, der sie in diesen „Stand" bringt. Entscheidend ist jedoch in allen diesen Aufgaben die innere Berufung, die von dem Glauben geleitet wird, Gott zu ehren und dem Nächsten zu dienen. Erst diese innere Dimension macht eine Tätigkeit in Luthers Augen zum Beruf. Nicht der äußere Stand eines Mönchs oder eines Geistlichen, sondern der wirksame Dienst am Nächsten zum Lobe Gottes verleihen der Tätigkeit Würde (Huber 2000, 5). Jeder Mensch, nicht nur der Mönch, hat demnach eine Berufung, die von ihm Gehorsam gegenüber Gott und seinen Geboten verlangt. Luther legte Röm. 12, 1-3, dass jeder mit seiner Berufung ein Glied am Leib Christi ist, daher so aus, dass die Unitas ecclesiae gewahrt bleibt, solange jeder die Ausübung seines Amtes um der Ehre Gottes willen betreibt. Ein Amt zu übernehmen ohne die Überzeugung, dazu berufen zu sein, ist für nehmen ohne die Überzeugung, dazu berufen zu sein, ist für Luther verwerflich (Gatzen 1964, 23).

Im Mittelpunkt der Beschäftigung Luthers steht die Berufung, die Paulus erfahren hat. Mit seiner Übersetzung der berühmten Aussage Paulus', jeder solle *„in dem Beruf"* bleiben, *darinnen er berufen ist* (1.Kor 7,20) verbindet Luther die Vorstellung, dass alle weltliche Tätigkeit so ausgeübt werden kann, dass sie der Berufung durch Gott zum guten Werk am Nächsten entspricht. Aufgrund dieser Erkenntnis entwickelte er seine Vorstellung vom „Beruf" weiter. In diesem Begriff vereinigen sich die Gedanken, dass Gott gerühmt sowie das Amt geehrt wird und ein Nutzen für den Amtsträger und das Volk entsteht (Glatzen 1964, 25). Im Kommentar zum Galaterbrief (1519) begründete er seine Berufslehre. Diese ist durch eine scharfe Ablehnung menschlicher Traditionen und Gelöbnisse gekennzeichnet und mündete in eine radikale Kritik des herkömmlichen und gegenwärtigen Betriebs der Kirche. Nicht durch menschliche Überlieferungen und kirchliche Dekrete wird nach seiner Auffassung die Kirche gebaut, sondern durch Menschen gleich welchen Standes und welchen Amtes, die ihre Tätigkeit um der Ehre Gottes willen betreiben und sich darin berufen fühlen (Gatzen 1964, 29). Eine Berufung gestand er im Zuge seiner heftigen Kritik am Klerus nach 1518 nun nicht nur den Mönchen und dem Klerus, sondern auch den Alltagsmenschen im weltlichen Stand zu. Er selbst hatte seine Berufung zum Doktor im Jahre 1512 bereits als eine solche Herausforderung verstanden. 1531 schreibt er darüber:

> „Ich aber doktor Martinus bin dazu beruffen und gezwungen das ich muste doktor werden, on meinen dank, aus lauter gehorsam, Habe ich das Doktor ampt mussen annemen und meiner aller liebsten heiligen Schrift schweren und geloben, sie trewlich und lauter zu predigen und lehren" (Luther, zit. n. Gatzen 1964, 30).

„Berufung" wird von Luther in seiner Kirchenpostille (1522) in einem umfassenden Sinn für alle Menschen formuliert: Jeder, der mit Menschen in Verbindung steht, hat einen „Beruf" und soll darin bleiben und sein Amt zur Ehre Gottes ausüben. Nicht die Werke sind entscheidend, sondern der Gehorsam gegenüber Gott, der einen in das Amt berufen hat.

3.3 „Im Stand bleiben"

In dem so verstandenen Beruf verbinden sich für Luther in Anlehnung an 1.Kor. 7,20 göttlicher Befehl und menschlicher Gehorsam. Unter Berufung (Vocatio) versteht er in dieser Zeit den Stand und das „im Stand bleiben". Das Mandat dazu kommt von Gott und daher bedeuten Treue und Unterordnung gegenüber Menschen ein „in der Berufung bleiben". Das *„Bleiben im Stand"* ist für Luther gleichbedeutend mit *„Bleiben im Evangelium"*. Diese doppelte Berufung hat für ihn gesellschaftspolitische Konsequenzen. Er hält an den traditionellen Bindungen von Herr und Knecht fest, die er als gottgewollt betrachtet. Da „Stand" zugleich „christlicher Stand" ist, stellt er für Luther ein „frey ding" dar, das an keinen geistlichen oder weltlichen Stand gebunden ist. Man muss also nicht einen Stand verlassen oder in einen anderen, z.B. den Mönchsstand eintreten, um selig zu werden.

> „Sondern ynn wilchem stand dich das Evangelium und der glaube findet, da kannst du ynnen bleyben und selig werden" (Luther, z.it. n. Gatzen 1964, 38).

Diese Auffassung von der „Freiheit eines Christenmenschen" enthält eine geistige und soziale Sprengkraft, die vor allem im Kalvinismus zum Tragen kommt – dort aber mit einer einseitigen Betonung der innerweltlichen Askese, die Luthers Verständnis von der Doppelheit der Berufung in keiner Weise entspricht.

4. Max Webers Lutherinterpretation

4.1 Der Gedanke der Berufung im weltlichen Stand als große Leistung der Reformation

In dem deutschen Wort „Beruf" und dem entsprechenden englischen „Calling" wird für Max Weber eine religiöse Vorstellung fühlbar. Diese Worte existieren nach Weber bei allen vorwiegend protestantischen Völkern. Es handelt sich nicht um ethische Eigenarten, sondern um eine spezifische Bibelübersetzung bzw. den Geist des Übersetzers. Unser heutiges Wort „Beruf" stammt von Luther. Er hat es bei der Übersetzung einer Stelle des alten Testaments verwendet und es in einem rein weltlichen Sinne gebraucht. Dadurch wurde im Laufe der Zeit - so Weber - eine Aufwertung der Alltagsarbeit vollzogen, die zwar bereits im Mittelalter vorhanden aber im Zusammenhang mit dem Prinzip der Pflichterfüllung „unbedingt neu" sei. Weltliche Arbeit ist bei Luther – nach Weber – zunächst ein äußerer Ausdruck der Nächstenliebe. Mit „steigendem Nachdruck" habe Luther jedoch im Laufe der Jahre betont, dass die Erfüllung innerweltlicher Pflichten der einzige Weg sei, Gott wohl zu gefallen. Ein Gewerbe auszuüben, gleich welches, sei Gottes Wille.

Durch seine wegweisende Bibelübersetzung hat Luther in den Augen Max Webers den Begriff „Beruf" mit einem neuen wichtigen Inhalt gefüllt: der Pflichterfüllung. Luther lehnte es jedoch ab, im Beruf die von Gott gestellte alleinige Aufgabe zu sehen. Calvin dagegen legte durch seinen Prädestinationsglauben die Wurzeln für die Vorstellung des asketischen Handelns bzw. zur Bewährung des Glaubens ausschließlich im weltlichen Berufsleben. Luther pflegte den Gefühlscharakter seiner Religiosität und die <u>inneren</u> Werte des Glaubens und vermochte dem weltlichen Berufsleben keine neuen Impulse zu geben. Der Kalvinismus drängte dagegen auf eine Kontrolle der <u>äußeren</u> Zeichen des Glaubens und gab den Anstoß zu einer methodisch rationalen Lebensführung.

Webers idealtypischer Gegensatz von Luthertum und Kalvinismus in der Frage der religiösen Berufsauffassung wird von ihm als eine Gegenüberstellung von „moderner" und ‚traditionalistischer" Berufsethik geleitet. In dieser Konfrontation wird Luther als der Traditionalist gesehen, weil er eher „mystische" Glaubensinhalte pflegte, während Calvin den Zeitgeist der Reformationszeit besser verstanden zu haben scheint weil er sich von vornherein der Dynamik der weltlichen Berufe zuwendet. Für Weber ist es „unverkennbar", dass schon in dem deutschen *Wort* „Beruf" und noch deutlicher in dem angelsächsischen *„Calling"* „eine religiöse Vorstellung fühlbar wird", in welcher eine von Gott gestellt Aufgabe zumindest mitklingt (Weber 1993, 34). In seiner Auseinandersetzung mit der paulinischen Klesis im Sinne einer Berufung zum ewigen Heil habe Luther einen ausschließlich religiösen Begriff von „Beruf als Berufung durch Gott" verwendet. Dieser Begriff hatte mit weltlichen Berufen im heutigen Sinne nach Weber „nicht das Mindeste" zu tun (Weber 1993, 36). In seiner späteren Auseinandersetzung mit einer Stelle aus dem Alten Testament des Jesus Sirach (Jesus Sirach XI, 20 u. 21) habe Luther dann zum ersten Mal den Begriff „Beruf" in seinem heutigen weltlichen Sinne gebraucht. Wenn Luther sagt: Bleibe in deinem Beruf, meint er, wie Weber richtig feststellt, stets die (göttliche) Berufung und sagt nicht: Bleibe bei deiner Arbeit, wie später die Calvinisten formulieren (Weber 1993, 36; Lehmann 1996, 31). Dennoch ist die Sirachstelle nach Weber der erste Fall, in welchem das Wort „Beruf" in seiner heutigen Bedeutung im *rein* weltlichen Sinn gebraucht wird. Frühere griechische Bibelübersetzungen hatten die Stelle mit „Werk" (Ergon) oder „Arbeit" (Ponos) übersetzt und dabei das Charakteristische in Luthers Wortschöpfung, den *„Ruf"* Gottes an den Einzelnen nicht beachtet. Luther hat nach Webers Ansicht zwischen den beiden Bedeutungen „Ruf" als Glaube an die göttliche Berufung und „Beruf" als rein weltliche Pflichterfüllung geschwankt: „Was Jesus Sirach sagt, entspricht einfach der Mahnung des Psalmisten (Ps. 37, 3): ´Bleibe im Land und *nähre dich redlich*´ (...)" (Weber 1996, 37).

Die Aufwertung des weltlichen Berufslebens durch Luther ist für Weber „eine der folgenschwersten Leistungen der Reformation" (Weber 1996, 41). Der Gedanke des Berufes im religiösen Sinn war jedoch für Weber „in seinen Konsequenzen für die innerweltliche Lebensführung sehr verschiedener Gestaltungen fähig" (Weber 1996, 42). Luther hat demnach die überwiegend traditionalistische Deutung der Arbeit in der Bibel übernommen und ist Weber zufolge in den Jahren 1518-1530 „nicht nur traditionalistisch geblieben, sondern immer traditionalistischer geworden" (Weber 1996, 43). Der „Schickungs"-Gedanke habe bei Luther nach den Bauernunruhen eine immer größere Bedeutung angenommen: Der einzelne solle grundsätzlich in dem Beruf und Stand bleiben, in den Gott ihn gestellt habe und sein Streben in den Schranken der Lebensstellung halten, in die Gott ihn gestellt habe (Weber 1996, 44/45). Zur Verknüpfung der Berufsarbeit mit religiösen Prinzipien ist Luther demnach laut Weber „überhaupt nicht gelangt" (Weber 1996, 45).

4.2 Der Vorwurf des Traditionalismus

Der Berufsbegriff ist nach Weber für Luther traditionalistisch gebunden geblieben. Der Gedanke, dass der Beruf eine göttliche *Fügung* sei habe den anderen, ebenfalls bei Luther anzutreffenden Gedanken, dass die Berufsarbeit eine oder *die* von Gott gestellte *Aufgabe* sei, übertönt. Luthers Berufskonzeption ist in den Augen Webers also ambivalent. Auf der einen Seite hatte er, motiviert durch seine Ablehnung des Mönchstums als allein selig machendem Stand, die Vorstellung des protestantischen Arbeitsethos entwickelt, dass jeder in seinem Beruf ein christliches Leben führen kann, wenn er seine Tätigkeit am Nächsten orientiert. Darin sah Weber jedoch gleichzeitig einen Traditionalismus, welcher den Anforderungen der modernen Arbeitswelt entgegenstand. Weber *suchte* daher nach Nachfolgern Luthers, die dessen Vorstellungen der weltlichen Tätigkeit als religiöse Aufgabe konsequent weiter entwickelten. Dabei stieß er auf die auffällige Rolle des Calvinismus und der protestantischen Sekten, die schon vor ihm in der Geschichte der kapitalistischen Entwicklung erwähnt worden waren (Weber 1996, 47).

4.3 Die tatsächliche Verbreitung des Puritanismus im Schottland des 16. und 17. Jahrhunderts

Aus der idealtypischen Gegenüberstellung von Luther und Calvin glaubte Weber den „Geist" zu erkennen, in welchem für ihn eine gewisse *Wahlverwandtschaft* zwischen bestimmten Formen des religiösen Glaubens und der Berufsethik bestand (Weber 1996, 51). Diese Vorgehensweise ist jedoch in verschiedener Hinsicht problematisch. Zum einen urteilt Weber zu pauschal über Luther und folgt damit vielleicht dem negativen Lutherbild um die Jahrhundertwende (Lehmann 1996, 38). Weit bedeutender ist, dass Weber die Verbreitung lutherischer und puritanischer Gedanken in der arbeitenden Bevölkerung und im Unternehmertum nicht nachweist, sondern sich lediglich auf die Äußerungen von Predigern stützt. Eine schottische Studie aus dem Jahre 1980 hat genau diesen Punkt, welche Rolle der Calvinismus im täglichen Leben der Menschen im 16. und 17. Jahrhundert spielte, untersucht. Sie kommt zum Ergebnis, dass, obwohl seitens der Autoritäten der Kirche durch die Einrichtung, Reformierung und Kontrolle von erzieherischen Institutionen alles versucht wurde, um die Bevölkerung im puritanischen Sinne zu indoktrinieren, zumindest in den entscheidenden Anfängen des schottischen Puritanismus zwischen 1570 und 1620 wenig Anzeichen dafür gefunden werden können, dass sich Vorstellungen des „Calling" und des innerweltliche Asketismus in den Gedanken der Bevölkerung durchsetzten (Marshall 1980, 43). Im 17. Jahrhundert zeigten zwar alle offiziellen Äußerungen der presbyterianischen Kirche den von Weber aufgezeigten „Geist" und auch die schottischen Unternehmer äußerten sich in diesem Sinn. Es gibt jedoch keinerlei Hinweise darauf, dass die Arbeiter sich dieser Beeinflussung unterwarfen, im Gegenteil: „labour-forces in question were not Calvinist, or at least not practising Calvinist" (Marshall 1980, 260).

Da es aus dieser Zeit nur unzureichende Daten über das Leben und die Vorstellungen der arbeitenden Bevölkerung gibt, ist es letztlich eine Frage der Methode, ob man sich hinsichtlich der Verbreitung des puritanischen Geistes im Lebensalltag der Bevölkerung Webers Schlussfolgerungen anschließt: „Webers Aussage über die Verbreitung des neuen Berufsverständnisses ist, wie mir scheint, im besten Falle als idealtypische Verkürzung eines sehr komplexen Vorgangs einzustufen" (Lehmann 1996, 39). Eine entscheidende Kritik bezieht sich auf Webers Lutherrezeption. Weber nennt nachdrücklich eine Schrift K. Egers: Die Anschauung Luthers vom Beruf (1900), in welcher dieser Gegensätze von Ideal und Welt sowie Religion und Sittlichkeit beschreibt, die als völlig unlutherisch bezeichnet werden können (Gatzen 1964, 95). Bei Luther ist das Christliche kein Ideal, sondern eine innere Erfahrung, eine vocatio spiritualis, welcher man Gehorsam entgegen bringen soll. Die Berufung in diesem Sinne schließt alles Weltliche und Äußerliche ein und ist ihr keineswegs entgegengesetzt. Das Weltliche ist bei Luther nicht mit äußerlichen Pflichten identisch, sondern mit dem Gehorsam gegenüber der vocatio spiritualis.

Diese schließt alles mit ein, was bei Eger als „Ideal" oder „innerlich" dargestellt wird (Gatzen 1964, 95). Luther ist ein Glaube an die Schöpfung (vocatio externa), der nicht aus dem religiösen Gefühl der Berufung (vocatio spiritualis) kommt, fremd. Wer diese Doppelheit des lutherischen Berufsverständnisses übersieht, kommt leicht in die Formulierung von Gegensätzen, die dem protestantischen Arbeitsethos Luthers nicht gerecht werden. Diese Einschätzung Egers hat Weber wohl übernommen, denn er unterstellt Luther, die Berufsarbeit nicht mit religiösen Prinzipien verknüpft zu haben. Das Gegenteil ist der Fall. Luther tritt für eine religiöse Erneuerung der weltlichen Tätigkeiten ein. Wenn Weber dies als „Reinheit der *Lehre*" bezeichnet, aus welcher sich keine „neuen Gesichtspunkte auf dem ethischem Gebiet" entwickeln konnten, muss er sich fragen lassen, welche neue Ethik im *christlichen* Sinne der Glaube der Prädestination hervorbrachte (Weber 1996, 45). Zu fragen ist, welche Berufsauffassung im Sinne des christlichen Glaubens substanziell ist und eine „moderne" christliche Lebensführung gewährleistet, der puritanische Sektenglaube, der aus dem Wunsch nach Heilsgewissheit den Antrieb zu einer rastlosen Hingabe an die Arbeit entwickelt oder das protestantische Arbeitsethos Luthers, das in der Nächstenliebe und Gerechtigkeit wurzelt – allerdings auch die Anerkennung der Obrigkeit verlangt. Zur Klärung dieser Frage werden Predigten des Mystikers Meister Eckhart zu Rate gezogen, in denen eine Unterscheidung zwischen „Werk" und „Gewerbe" vorgenommen wird.

5. Die Bedeutung von „Werk" und „Gewerbe" bei Meister Eckhart

Meister Eckhart lebte 1260-1327, also ungefähr 200 Jahre vor Luther und Calvin. Er war kein Mönch, der in seiner Klosterzelle meditierte, sondern ein viel beschäftigter „Manager" des Dominikanerordens. Er leitete und reformierte zwei Provinzen dieses Ordens, war ein beliebter Hochschullehrer und wurde von seinem Orden als Experte in Glaubensfragen zu Disputen an die Sorbonne in Paris gesandt. Seine Predigten und Traktate zeichnen sich durch radikale Fragestellungen aus, die ihm am Ende seines Lebens den Ruf eines Ketzers eintrugen. Seine Werke waren 500 Jahre vergessen und Luther und Calvin sehr wahrscheinlich unbekannt.

5.1 Lebenserfahrung und Gotteserfahrung

In seiner Predigt 28 beschäftigt sich Eckhart mit der Stelle Lukas 10,38-42, in welchem das Verhältnis der Schwestern Maria und Martha angesprochen wird. Maria wird als kontemplativ geschildert, während Martha die aktive ist. Im Mittelalter und vor allem durch Thomas von Aquin war diese Bibelstelle so gedeutet worden, dass Jesus der Kontemplativität Marias den Vorrang gibt. Damit wurde im Mittelalter begründet, dass der Mönchsstand als einziger die Gewissheit der göttlichen Gnade erlangen könnte. Eckhart nimmt jedoch eine radikale Umwertung dieser Stelle vor. Im Mittelpunkt steht für ihn nicht die in ihrem Glauben meditativ versunkene Maria, sondern die tätige Martha. Martha ist besorgt um den Gast und fordert Jesus auf, Maria anzuweisen, ihr zu helfen. Sie sieht, dass Maria in ihrem Wohlgefühl zu Füßen Jesus sitzt „zu ihrer Seele vollem Genügen" (Meister Eckhart 1979, 281). Es folgt eine erste Aufwertung Marthas durch Eckhart: „Martha kannte Maria besser als Maria Martha, denn *sie* hatte schon lange und recht *gelebt*". Daran schließt Eckhart eine allgemeine Betrachtung zur Bedeutung der Lebenserfahrung an:

> Das Leben (nämlich) schenkt die edelste Erkenntnis. Das Leben lässt Lust und Licht besser erkennen als alles, was man in diesem Leben unterhalb Gottes erlangen kann, und in gewisser Weise reiner, als es das Licht der Ewigkeit zu verleihen vermag. Das Licht der Ewigkeit lässt uns immer nur uns selbst und Gott erkennen, nicht aber uns selbst <u>ohne</u> Gott. Wo man aber nur sich selbst im Blick hat, da nimmt man den Unterschied von Gleich und Ungleich schärfer wahr (Meister Eckhart 1979, 281).

Martha ist besorgt über Maria, weil diese in einem wohligen Gefühl schwelgt, das keinen geistigen Gewinn hervor bringt. Jesus antwortet mit den Worten:

> Martha, Martha, du bist besorgt, du bist bekümmert um vieles. Eines ist not! Maria hat den besten Teil erwählt, der ihr nimmermehr genommen werden kann."

Die doppelte Erwähnung des Namens Martha und die Aussage, dass Eines (Unum) not sei, stellen für Eckhart eine Aufforderung dar, über die Einheit von praktischer Lebensführung *und* Glauben nachzudenken. Denn das Eine ist Gott. Gott tut not. Entzöge sich Gott den Kreaturen, wären sie nichts. Entzöge er sich Jesus Christus, wäre dieser eine bloße Kreatur. An diesen Beispielen, so Eckhart, kann man gut erkennen, dass man des Einen sehr wohl bedarf. Und deshalb lag Maria auch völlig richtig, die andächtig zu Füßen des Gottessohns kniete.

> Warum aber nannte er Martha zweimal mit Namen? Er deutete damit an, dass Martha alles, was es an zeitlichem und ewigem Gut gäbe (...) vollends besaß. Mit dem ersten 'Martha', das er sprach, bedeutete er ihre Wirkung in zeitlichem Wirken. Als er zum zweiten Male

'Martha' sagte, bedeutete er damit, dass ihr (auch) nichts von dem, was zur ewigen Seligkeit nötig ist, mangelte (Meister Eckhart 1979, 282).

5.2 Sorge und Gelassenheit

Nachdem Eckhart die Bedeutung der Lebensführung und die Einheit von Leben und Glaube ausgeführt hat, befasst er sich mit dem Begriff der Sorge. Wenn Jesus zu Martha sage, sie sei „besorgt", meine er damit, sie stehe *bei* den Dingen. Die Dinge stehen also nicht *in* ihr. „"Martha aber stand in gereifter, wohlgefestigter Tugend und in einem unbekümmerten Gemüt, ungehindert von allen Dingen"(Meister Eckhart 1979, 286). *„Sorgenvoll"* sagt Eckhart, sind lediglich diejenigen, die in allem in ihrem Gewerbe *behindert* sind: „Hingegen stehen die ohne Behinderung, die alle ihre Werke nach dem Vorbild des ewigen Lichts ordnungsgemäß ausrichten". Eckhart deutet diese Bibelstelle als ein Praxisgebot wobei die Lebenspraxis so zu gestalten ist, dass man nicht von den Sorgen verzehrt wird. Um dies zu verdeutlichen, unterscheidet er Werk und Gewerbe:

> "Ein 'Werk' verrichtet man von außen, ein 'Gewerbe' hingegen ist es, wenn man sich mit verständnisvoller Umsicht von innen her befleißigt. Und solche Leute stehen bei den Dingen und nicht in den Dingen. Sie stehen ganz nahe und haben doch nicht weniger, als wenn sie dort oben am Umkreis derEwigkeit stünden". (Meister Eckhart 1979, 283)

Das „Gewerbe", wie es Eckhart versteht, ist eine Einheit von Glauben und weltlicher Tätigkeit. Innerlichkeit, Andacht, süße Verzückung und die Vorstellung einer besonderen Begnadung durch Gott sind dagegen in Wahrheit „'Weisen' eines *gedachten*, von der eigenen Geschichte und Lebenswirklichkeit abgetrennten Gottes" (Kreuzer 2000, 109, Hervorhebung d. d. Verf.), von denen man lassen muss, um die Erfahrung Gottes im Seelengrund zu machen. Wer Gott in der Kontemplation sucht, wird ihn nicht finden, denn dieser kann nicht jenseits der Bedingungen der Endlichkeit gesucht werden. Der Eckpunkt des Verständnisses von Gelassenheit ist daher auch scheinbar paradox: Man muss sich auch frei machen von Gott, da „Gott" zum einen die Geschaffenheit aller Dinge (der Ursprung aller Kreaturen) ist, zum anderen mit „Gott suchen" immer ein Bild oder eine Weise verbunden wird, die ein Hemmnis für die Gottesgeburt in der Seele darstellt.

Aber nicht nur der Eigenwille, die Selbstgewissheit und die Gottesvorstellung behindern die Einheit von Glaube und Tätigkeit. Auch die Sorge selbst muss gelassen werden. „Das Praxisgebot des 'Einen ist not' bedeutet nicht, dass an die Stelle des Erfahrungsanspruchs jenes Transzendierens, das wir innerhalb der Grenzen unserer Erfahrung finden, die zu einem Existenzial gemachte Sorge tritt" (Kreuzer 2000, 109). Wer ganz auf die vita aktiva setzt verliert sich in „Werken". Die Sorgestruktur wird dann zum existenziellen Ziel. Eckhart versteht den Weg genau umgekehrt: Martha ist *aufgrund ihrer Lebenserfahrungen* weiser geworden und erinnert sich, dass der rein kontemplative Weg eine Phase im Leben war, ein sehnlicher Wunsch, Gott näher zu kommen. Martha blickt auf die „Wonne der Kontemplation" Marias als Teil ihrer Lebensgeschichte zurück. Daher Eckharts Urteil: „Martha kannte Maria besser als Maria Martha".

5.3 Der Mensch ist kein Werkzeug Gottes

So ist die Stelle in der berühmten Predigt 52 über die Armut als Aufforderung zu verstehen, von allem zu lassen, was scheinbar zu Gott führt, in Wirklichkeit aber die Seele verschließt. Der Mensch soll sich nicht als Werkzeug Gottes betrachten. Er soll von allem lassen, was ihn vermeintlich Gott nahe bringt. Er soll arm werden im Willen – wobei der Eigenwille gemeint ist. Er soll sich nicht einbilden, zu wissen, was Gott gefällt, denn er kann es nicht wissen. Und er soll jeden Gedanken daran fallen lassen, dass er Gott „haben" könnte bzw. dass Gott in ihm wirkt. Erst wenn ich mich von solchen Vorstellungen befreie, kann Gott im Grunde der Seele geboren werden. Die Gedanken, die Eckhart äußert, sind aus der tiefen Religiosität des Mittelalters geboren und für uns kaum nachvollziebar. Er unterscheidet „Gott" als den Schöpfer der Welt, von der wir in unserem endlichen Leben ein Teil sind und das *Sein* Gottes, aus dem wir nach Eckhart kommen und uns selbst wollten. Auf dieses Sein bezieht er sich im Folgenden. Der Mensch ist nicht nur ein Geschöpf Gottes, das durch die besondere Gabe der Reflexion Gott loben und danken soll, sondern er ist der Ursprung seiner selbst, sofern er das Göttliche Sein in sich trägt. Er ist die Schöpfung selbst. Die Gotteserfahrung ist ein Indiz dafür, dass der Mensch seinem Sein nach aus dem Sein Gottes geboren ist. Sie wird nur wenigen zuteil. Eckhart hat diese Erfahrung gemacht. Er sieht es als seine Aufgabe an, die Zuhörer seiner Predigten an diesen Punkt zu bringen. Nur so ist der vordergründig unverständliche Satz zu verstehen, dass Gott mich frei machen soll von „Gott". Denn wenn ich meine Reflexion ausschließlich auf den Schöpfergott richte, habe ich „Stätte" in mir und bin nicht frei für die Erfahrung meines göttlichen Seins.

> Wo der Mensch (noch) Stätte (in sich) behält, da behält er Unterschiedenheit. Darum bitte ich Gott, daß er mich frei mache von Gott, denn mein wesentliches Sein ist oberhalb von Gott, sofern wir Gott als Ursprung der Kreaturen fassen. In jenem Sein Gottes nämlich, wo Gott über allem Sein und über aller Unterschiedenheit ist, dort war ich selber, da wollte ich mich selber und erkannte mich selber, diesen Menschen zu schaffen. Darum bin ich die Ursache meiner selbst meinem <u>Sein</u> nach, das <u>ewig</u> ist, nicht aber meinem <u>Werden</u> nach, das <u>zeitlich</u> ist. (Meister Eckhart 1993 I,561, Hervorhebungen durch Eckhart!)

„Gott um Gottes willen zu lassen" ist eine zentrale Forderung Eckharts (Kreuzer 2000, 113). Jede Vorstellung, die Gott in eine jenseitige Sphäre verbannt, muss „weg". Alle Gedanken, die Gott als eine jenseitige Instanz beschwören, um Versäumtes, Peinliches oder Erträumtes im Leben zu entlasten oder eine Veränderung herbei zu wünschen, sind Appelle an den Schöpfergott und führen in die Irre, weil sie nicht das Sein in Gott anstreben. „Darum bitte ich Gott", sagt Eckhart, „dass er mich Gottes quitt macht" (Meister Eckhart 1979, 308)

5.4 Ohne ein Warum wirken

Eckhart war als leitende Persönlichkeit des Dominikanerordens ein sehr erfolgreicher Mann seiner Zeit– als Prediger, als Organisator und als streitbarer Gelehrter in Glaubensfragen. Daraus schöpft er sein Selbstbewusstsein, das in allen Predigten anklingt. Die äußeren Zeichen des Erfolgs betrachtet er jedoch keineswegs als Merkmal seiner Erwähltheit durch Gott. Im Gegenteil: Nur was von innen kommt und jeden Versuch ablehnt, das eigene Handeln als Gott gefällig zu bewerten, kann den Weg frei machen für die Geburt Gottes in der Seele. Diese Einstellung ist dem Bedürfnis der Calvinisten, durch einen gottesfürchtigen Lebenswandel – also durch äußere Handlungen Heilsgewissheit zu erlangen, vollkommen entgegen gesetzt:

> Man soll Gott nicht als außerhalb von einem selbst erfassen und ansehen, sondern als mein Eigen und als das, was in einem ist; zudem soll man nicht dienen noch wirken um irgendein Warum, weder um Gott noch um die eigene Ehre noch um irgend etwas, was außerhalb von einem ist, sondern einzig und allein um dessen willen, was das eigene Sein und das eigene Leben in einem ist. (Meister Eckhart 1993 I, 80)

Umso heftiger ist sein Widerwille gegen Personen, die glauben, in irgendeiner Weise mit Gott handeln zu können. Es sind „Kaufleute", die so denken und es ist sicher kein Zufall, dass die erste Predigt Eckharts sich mit der Vertreibung der Händler aus dem Tempel befasst. „Gute Werke", die doch nur dem Eigennutz dienen, führen nicht zu Gott, sondern versperren den Weg der Gotteserfahrung:

> "Seht, alle die sind Kaufleute, die sich hüten vor groben Sünden und wären gern gute Leute und tun ihre guten Werke Gott zu Ehren, wie Fasten, Wachen, Beten und was es dergleichen gibt, allerhand gute Werke, und tun sie doch darum, dass ihnen unser Herr etwas dafür gebe oder dass ihnen Gott etwas dafür tue, was ihnen lieb wäre: dies sind alles Kaufleute. Das ist im groben Sinn zu verstehen, denn sie wollen das eine um das andere geben und wollen auf solche Weise markten mit unserem Herrn" (Meister Eckhart 1993 I, 13)

Auf der anderen Seite wendet sich Eckhart entschieden gegen das Missverständnis, man müsse sich der Werke enthalten, um nicht in die Falle zu laufen, mit gut gemeinten Werken das Falsche zu tun. „Das kann nicht sein! *Nach* dem Zeitpunkt, da die Jünger den Heiligen Geist empfingen, da erst fingen sie an, Tugenden zu wirken" (Meister Eckhart 1979, 289). Man wird nicht perfekt geboren. Auch Maria lernt noch. Aber sie hat den besten Teil, weil sie den Glauben an die erste Stelle setzt. „Aber späterhin, als Christus gen Himmel gefahren war und sie den Heiligen Geist empfangen hatte, da erst fing sie an zu dienen und fuhr übers Meer und predigte und lehrte und ward eine Dienerin der Jünger" (Meister Eckhart 1979, 289).

5.5 Augenblicke der Versenkung und des Glücks sind vergänglich

Die Kontemplation enthebt zeitweise der Sorge. Darin liegen ihre Stärke und ihre Bedeutung. Durch sie werden Augenblicke des erfüllten Glücks geschaffen. Es gilt aber, so Eckhart, sich bewusst zu machen, dass diese Augenblicke endlich sind. Sie können daher nicht als Gegensatz zur gelebten Endlichkeit aufgebaut werden, und umgekehrt kann auch die Sorge um die Existenz nicht gegen die Kontemplation ausgespielt werden. Mit diesen Gedanken entfernt er sich vom mittelalterlichen Denken, das einen absoluten Gegensatz zwischen der vita contemplativa und der vita aktiva, d. h. gesellschaftspolitisch zwischen dem kontemplativen Mönchstum und der aktiv arbeitenden Bevölkerung der Bauern und Bürger sah. Beide Dimensionen wertet Eckhart als Teile einer untrennbaren Einheit. Als leitender Angehöriger des mächtigen Dominikanerordens konnte er sich allerdings nicht wie 200 Jahre später Luther gegen das Mönchsgelübde wenden. Martha praktiziert diese Doppelheit und übt im Sinne Eckharts ein „Gewerbe" aus. Maria ist noch nicht so weit. Sie lernt noch. Eckhart sagt: „Sie lernt leben" (Meister Eckhart 1979, 289). Aufgrund ihrer fehlenden Lebenserfahrung ist sie nicht in der Lage, den Zusammenhang von Gotteserfahrung und Lebenserfahrung angemessen zu reflektieren.

5.6 Das Amt des Predigers mit dem Gotteserlebnis verbinden

Eckhart hat selbst ein oder mehr Gotteserlebniss(e) gehabt, welche(s) er kaum in Worte fassen konnte. Er ist sich daher bewusst, dass er nur von wenigen verstanden wird, wenn er von der Einheit von Sorge und Gelassenheit spricht. Dennoch schweigt er nicht oder zieht sich in meditative Askese zurück, sondern er versucht in seinen zahlreichen Predigten und Traktaten das Thema der Einheit der Gottesgeburt in der Seele und des tätigen Lebens „rüber" zu bringen. Dieses Bemühen versteht er als seine Aufgabe im Amt des Predigers. Das ist seine vita activa.

> Und ich bitte euch um der Liebe Gottes willen, dass ihr diese Wahrheit versteht, wenn ihr könnt; versteht ihr sie aber nicht, so bekümmert euch deswegen nicht, denn ich will von so gearteter Wahrheit sprechen, wie sie nur wenige gute Leute verstehen werden. (Meister Eckhart 1993 I,553)

Am Ende der Predigt über die Armut versichert Eckhart den Menschen, die ihm zugehört haben, dass die Dinge so grundsätzlich und so schwer zu verstehen sind, dass sie sich nicht bekümmern sollten, wenn sie seine Ausführungen nicht verstehen. Besonders diese Predigt wird von dem Erlebnis der Gottesgeburt in der Seele überstrahlt. Er spricht darin über den Ursprung des Menschen, über die Schöpfung und über das Sein des Menschen in Gott und "oberhalb" des Schöpfergottes. Dies sind wahrhaft nicht leicht zu verstehende Zusammenhänge.

> Wer diese Rede nicht versteht, der bekümmere sein Herz nicht damit. Denn, solange der Mensch dieser Wahrheit nicht gleicht, solange wird er diese Rede nicht verstehen; denn dies ist eine unverhüllte Wahrheit, die gekommen ist aus dem Herzen Gottes unmittelbar (Meister Eckhart 1993 I, 563).

Wer seine vita activa so versteht, dass er im Auftrag Gottes handelt, hat Eckhart zufolge allerdings immer noch nicht begriffen, um was es geht. Denn ich verhalte mich immer noch irgendwie eigenwillig, wenn ich anstrebe, durch meine Tätigkeit in einem bestimmten Amt Gottes Willen zu genügen:

> Wenn einer mich fragte, was denn das sei: ein armer Mensch, der nichts <u>will</u>, so antworte ich darauf und sage so: Solange der Mensch dies noch (an sich) hat, dass es sein <u>Wille</u> ist, den allerliebsten Willen Gottes erfüllen zu <u>wollen</u>, so hat ein solcher Mensch nicht die Armut, von der wir sprechen wollen; denn dieser Mensch hat (noch) einen Willen, mit dem er dem Willen Gottes genügen will, und das ist <u>nicht</u> rechte Armut. Denn, soll der Mensch wahrhaft Armut haben, so muss er seines geschaffenen Willens so ledig sein, wie er´s war, als er (noch) nicht war. (Meister Eckhart 1993 I,557 Hervorhebungen durch Eckhart!)

Die Erfahrung der Gottesgeburt in der Seele bedeutet für Eckhart vielmehr Rückkehr zur Endlichkeit und Wahrnehmung seiner Aufgaben im alltäglichen Leben. Weil er diese Erfahrung gemacht hat, warnt er eindringlich vor „Versuchen, die Grenzen der Erfahrung wie die Bedingungen der Endlichkeit kontemplativ oder visionär oder ekstatisch überfliegen zu wollen" (Kreuzer 2000, 113). Eckharts Denken ist jedoch immer dialektisch geprägt. Er schließt transzendentale Erfahrungen der Kontemplation nicht aus. Sie sind der „beste Teil, der Maria nicht genommen werden kann". Die Zuwendung zum Leben bedeutet, diesen „besten Teil" mit in die Sorgestruktur des Alltags zu nehmen (Kreuzer 2000, 114). In dieser Haltung ist das Warum der endlichen Sorge, die sich alltäglich wiederholt, aufgehoben. Die Gelassenheit des Predigers, der in einem Moment die Gottesgeburt im Grunde der Seele erfahren hat, bestimmt seine Werke und lässt ihn *bei* den alltäglichen Sorgen seiner Tätigkeit stehen, ohne sich darin zu verlieren.

6. Zusammenfassung und Perspektiven

6.1 Wissenschaft und Technik zur Ehre Gottes

Den Ausgangspunkt dieser Arbeit bildete Max Webers Schrift „die protestantische Ethik und der ʹGeistʹ des Kapitalismus". Der Begriff des Berufs spielt darin eine zentrale Rolle. Weber stellt fest, dass

Martin Luther aus der Ablehnung des Mönchgelübdes heraus den Begriff „Beruf" oder „Berufung" erstmals mit weltlicher Tätigkeit in Zusammenhang bringt und sieht darin die eigentliche Leistung der protestantischen Reformation. Luthers Festhalten an der ständischen Organisation wertet Weber dagegen als Traditionalismus, welcher den Anforderungen der Wirtschaftsgesinnung, die sich in der Zeit zwischen 1570 und 1620 in den Anfängen heraus bildete, nicht gerecht werde. Er suchte daher nach einer anderen geistigen Verwandtschaft mit dem kapitalistischen Geist und fand diesen in der Person des schweizer Reformators Calvin. Dieser hatte durch die starke Betonung der Prädestinationslehre den Boden für eine Lebensform bereitet, die strikt nach den Geboten der Bibel organisiert wurde. Während Calvin selbst nicht die Konsequenzen aus seiner Lehre zog, entwickelte sich in den Predigten und in den Schulen der schottischen und englischen Puritaner des 16. und 17. Jahrhunderts der „Geist" den Weber suchte: Die Puritaner riefen zu rastloser Arbeit und einem strengem Leben nach den christlichen Geboten auf. Auf diese Weise hofften sie, im Erfolg ihrer Arbeit, die sie allein zur Ehre Gottes (soli deo gloria) zu verrichten meinten, Zeichen für ihre Erwähltheit zu finden. Eine schottische Studie aus dem Jahr 1980 konnte jedoch im Gegensatz zu den Annahmen Max Webers keine Anhaltspunkte dafür finden, dass die arbeitende Bevölkerung sich durch die puritanische Indoktrination in ihrem Lebensalltag wesentlich beeinflussen ließ. Lediglich das Bürgertum machte sich diese Geisteshaltung zu Eigen (Stark 1985, 30).

Einer der einflussreichsten Kalvinisten, der französische Humanist und Philosoph Petrus Ramus (Pierre de la Ramée - 1515-1572), wird von Weber nicht erwähnt. Ramus Schriften über die Methodenbildung der Wissenschaften wurden vor allem von den nach Amerika ausgewanderten Puritanern mit Begeisterung gelesen, weil er darin als überzeugter Kalvinist die moderne Wissenschaft und Technik als Suche nach dem göttlichen Licht versteht (Ramus, 1). Die Verbreitung seiner Bücher in Europa und Amerika war außerordentlich hoch – am größten in der angelsächsischen Welt. In Harvard spielte die Rezeption der Logik des Ramus im 17. Jahrhundert eine ebenso große Rolle wie die Werke von Augustinus (Stark 1985, 16). Das Weltbild des Ramus wirft ein bezeichnendes Bild auf den Calvinismus. Ramus ging wie alle Kalvinisten davon aus, dass der Mensch durch den Sündenfall keinen Zugang mehr zu Gott hat. Der zürnende Gott hat dem Menschen jedoch noch eine besondere Fähigkeit mit gegeben, die Wissenschaft. Vor allem durch die Mathematik und die Logik kann der von Gott mit Einsicht in die Grundlagen der Zahlenverhältnisse ausgestattete Mensch seinen Verstand schärfen. Aufgrund der wissenschaftlichen Einsicht in die Unermesslichkeit der Dinge wird er motiviert, die Wissenschaft allein zur Ehre Gottes zu betreiben. Er wird durch die Wissenschaft gewissermaßen zu einer religiösen Gesinnung geführt (Ramus, 1).

Der Gottesbegriff des Calvinismus, der bei Ramus besonders deutlich wird, bezog sich ganz auf den Schöpfergott. Der kapitalistische Unternehmer, der sich in der Frühzeit religiös legitimierte, konnte sich bei der nützlichen Anwendung von Wissenschaft und Technik als jemand fühlen, der an der Schöpfung teilnimmt (Stark 1985, 29). Mit dieser Haltung entfernt sich der Kalvinismus radikal vom mittelalterlichen Denken, das bei Meister Eckhart zum Ausdruck kommt. Dieser bittet Gott in seiner berühmten Predigt über die Armut, dass dieser ihn frei mache von der Vorstellung, nur ein Geschöpf Gottes zu sein, um die Erfahrung machen zu können, dass Gott sich ihm im Seelengrund offenbart. Wer Gott sucht, so Eckhart, wird immer nur das Bild finden, das er sich von Gott macht. Eckhart lehnt die Kontemplation als einzigen Weg zu Gott ab und predigt eine Auffassung von „Gewerbe", welches durch ein göttliches Licht geleitet ist. Trotz scheinbarer Ähnlichkeit sind die Auffassungen beider völlig entgegengesetzt. Ramus meint, bei seiner Begeisterung für Logik und empirische Wissenschaften, auf die „unverfälschten Abbilder göttlicher Weisheit" zu stoßen (Ramus, 2). Er geht wie die Stoa, von der er stark beeinflusst sein soll, von dem Weltenplan Gottes aus, in welchem der Mensch als Werkzeug Gottes mit der besonderen Ausstattung seines Geistes wirkt. Bei Eckhart steht dagegen der einzelne Mensch in der Verantwortung, ständig zu reflektieren, ob er aus dem Göttlichen <u>in sich</u> handelt oder ob er nur „Werke" tut, von denen er denkt, dass sie Gott gefallen und damit nur seinen Einbildungen folgt.

6.2 Das protestantische Arbeitsethos Luthers und der Sinn der Arbeit

Luther bewegt sich noch weitgehend in dem Glauben, der von Eckhart vorgezeichnet ist. Die Freiheit eines Christenmenschen besteht für ihn darin, frei *für* den Glauben zu sein. Das ist die erste Pflicht. Mit dieser Einstellung soll der Christ seine Aufgaben in seinem Amt oder in seinem Stand wahrnehmen. Am Schluss seiner Ausführungen heißt es (Luther 1520):

> Aus dem allen folgt der Satz, dass ein Christenmensch nicht in sich selbst lebt, sondern in Christus und seinem Nächsten - in Christus durch den Glauben, im Nächsten durch die Liebe. Durch den Glauben steigt er über sich hinaus zu Gott; aus Gott steigt er unter sich hinab durch die Liebe und bleibt doch immer in Gott und in der göttlichen Liebe (...).

Die Freiheit des Christenmenschen besteht darin, dass er durch seinen Glauben über sich selbst hinaus wächst und alle Aufgaben im Leben „in Gott" bewältigt. Der Mensch ist bei Luther gewissermaßen noch wie im Paradies, wenn er seine Angelegenheiten zur Ehre Gottes erfüllt.

Der Calvinismus spielte, wie Weber zeigen konnte, in der Entstehungsphase des Kapitalismus vor allem für das Bürgertum eine wichtige Rolle bei ihrem Bemühen, die Anwendung moderner Wissenschaft und Technik als Beitrag zur Schöpfung und damit allein zur Ehre Gottes zu rechtfertigen. Heute, in der Spätphase des Kapitalismus, ist dieser religiös motivierte „Geist" des Kapitalismus ohne Bedeutung. Anders verhält es sich mit dem protestantischen Arbeitsethos Luthers und mit den Ausführungen Meister Eckharts. In einer unchristlichen Zeit sind Fragen geblieben nach dem Sinn der Arbeit und der Möglichkeit einer „Selbstverwirklichung" des Menschen in der Arbeit. Es sind vom Prinzip her christliche Fragen, die durch das Bemühen gekennzeichnet sind, das eigene Leben in einem größeren Zusammenhang zu sehen. So lässt sich das ungebrochene Interesse an Meister Eckhart verstehen. Der Kalvinismus dagegen, wo er noch gelebt wird, ist eine Karikatur seiner selbst geworden. Bei strenggläubigen Calvinisten in Hollands „Bibelgürtel" herrscht das Bemühen vor, das Rad der Geschichte zurück zu drehen. Fernseher und Radio sowie Kneipenbesuch sind verboten. Im Fußballverein herrscht ein rauer Ton, der den Jungen verderben könnte. Die Liberalisierungen der früheren Regierungen werden als Teufelszeug betrachtet. Wortwörtliche Bibelauslegung, Treue und in Jahrhunderten unveränderte Traditionen bestimmen das Leben (Nienhuysen 2003, 3).

6.3 Die Unterscheidung von Amt und Person

Ob Luther „modern" oder, wie Weber meint, „traditionell" war ist umstritten. In seinen zahlreichen Ausführungen über die Aufgaben der verschiedenen Stände hat er die Obrigkeit und die hierarchische Struktur in gut christlicher Tradition niemals angezweifelt. Das war nicht sein Bestreben. Er bemühte sich vielmehr, die Aufgaben der weltlichen Ämter und Rollen differenziert zu beschreiben und dabei deren Auftrag im christlichen Sinne heraus zu arbeiten. Besonders eindrucksvoll ist ihm dies meines Erachtens in einer Schrift aus dem Jahre 1526 gelungen, in welcher er herausfinden will, „ob Kriegsleute in seligem Stande sein können". Er unterscheidet in dieser Schrift, die insgesamt über 50 Seiten umfasst, zunächst zwischen Amt und Person (Martin Luther, 1526):

> Es ist zu unterscheiden zwischen Amt und Person oder zwischen Tat und Täter. Ein Amt oder eine Tat kann an sich sehr wohl gut und richtig sein, aber doch böse und falsch, wenn die Person oder der Täter nicht gut oder richtig ist oder nichts richtig macht (...) Und so ist es auch mit dem Stand, dem Amt und Tun eines Soldaten. Für sich genommen, ist es rechtschaffen und göttlich. Es ist aber darauf zu achten, dass auch die Person, die dazu gehört, rechtschaffen ist.

Kann man Soldat und Christ sein? Luther bejaht diese Frage – allerdings mit der wesentlichen Einschränkung, die er vorher bei der Unterscheidung von Amt und Person getroffen hatte. Liest man diese Schrift über das Soldatenhandwerk oder seine Ausführungen aus dem Jahre 1523: „Von weltlicher Obrigkeit und wieweit man ihr Gehorsam schuldig sei", könnte man Luther als einen Staatsrechtler mit christlichen Ambitionen bezeichnen. Sein Bestreben war es offenkundig, jedes Amt und jeden Stand danach zu betrachten, welche christlichen Aufgaben sich darin stellten. Ämter und Stände waren für ihn gottgegeben.

6.3 Workaholics' werden krank

Der Bezug zu Meister Eckhart hat gezeigt, dass Luther in der Tradition eines tiefen christlichen Glaubens stand, in welcher nicht die äußere Zuständigkeit zu „Werken" und Ämtern, sondern die innere Verantwortung einer Person maßgebend ist. Von Beruf spricht Luther immer dort, wo die Erfüllung spezieller Aufgaben in einem größeren Ordnungsgefüge steht. Calvin dagegen ordnet die Arbeit der Frage äußerlichen Zeichen der göttlichen Erwählung unter. Gegenüber der ständischen Gemeinschaftsvorstellung Luthers bedeutete diese Berufsauffassung zweifellos eine Radikalisierung. Allerdings rechtfertigt es auch die innerweltliche Askese der Puritaner nicht, Akkumulation von Kapital zum Selbstzweck zu betreiben (Huber 2000, 7). Luther polemisierte heftig gegen Wucher und Zins. Sein protestantisches Arbeitsethos richtete sich gegen die Sinnentleerung der Arbeit und gegen die Geldakkumulation als Selbstzweck. Aus dieser Sicht bieten sowohl Eckharts Ausführungen über die Einheit von Meditation und Arbeit sowie Luthers Eintreten für die persönliche Verantwortung eines Christen in der weltlichen Arbeit auch heute noch eine Grundlage, die Sinnentleerung der Arbeit zu reflektieren. Die Verhältnisse haben sich umgekehrt: Heute erscheinen die rastlose Hingabe der Calvinisten an die Arbeit und ihre Neigung, die Gebote der Bibel wortwörtlich zu nehmen, statt sie nach den Gegebenheiten der Gesellschaft stets neu zu überdenken, als rückwärts gewandt und traditionalistisch. Workaholics' werden krank.

Literatur

Gatzen, Helmut: Beruf bei Martin Luther und in der industriellen Gesellschaft. Diss. Münster 1964 (Evangelisch-theologische Fakultät der Westfälischen Wilhelmsuniversität).

Huber, Wolfgang: Hat das protestantische Arbeitsethos noch eine Zukunft? Rede an der Universität Göttingen, 30. Mai 2000. (www.ekd.de/vortraege/154_ vortraege_huber.html)

Kreuzer, Johann: Gestalten mittelalterlicher Philosophie: Augustinus, Eriugena, Eckhart, Tauler, Nikolaus v. Kues. München: Fink, 2000.

Lehmann, Hartmut: Max Webers „Protestantische Ethik". Göttingen: Vandenhoek und Ruprecht, 1996. (Kleine Vandenhoek-Reihe; 1579).

Luther, Martin (1523): Von weltlicher Obrigkeit und wieweit man ihr Gehorsam schuldig sei. In: http://bitflow-dyndns.org/german/MartinLuther.

Luther, Martin (1526): Ob Kriegsleute in seligem Stande sein können. In: http://bitflow-dyndns.org/german/MartinLuther

Luther, Martin (1520): Vor der Freiheit eines Christenmenschen. In: http://bitflow-dyndns.org/german/MartinLuther.

Marshall, Gordon: Presbyteries and Profits. Calvinism and the Development of Capitalism in Scotland 1560-1707. Oxford: Clarendon Press, 1980.

Meister Eckhart: Deutsche Predigten und Traktate. Herausgegeben und übersetzt von Josef Quint. Zürich: Diogenes, 1979. (Diogenes Taschenbuch 20642).

Meister Eckhart: Werke I und II. Texte und Übersetzungen herausgegeben von Niklaus Largier. Frankfurt: Deutscher Klassiker Verlag, 1993. (Bibliothek des Mittelalters Bd. 21).

Nienhuysen, Frank: Neue Hoffnung in der Festung des Glaubens. In: Süddeutsche Zeitung Nr. 297 vom 27./28. Dezember 2003, S. 3.

Ramus, Petrus: Suche nach dem göttlichen Licht. In: www.philos-webseite.de/autoren /ramus_g.html).

Stark, Werner: Die Protestantische Ethik und der Verfall des Kapitalismus. Hamburg: Pressestelle der Universität, 1985 ((Zur Verleihung der Goldenen Doktorurkunde).

Weber, Max: Die protestantische Ethik und der „Geist" des Kapitalismus. Bodenheim: Athenäum Hain Hanstein, 1993. (Neue wissenschaftliche Bibliothek).

Zusammenfassung

Weber stellt in der Schrift „Die protestantische Ethik" fest, dass Martin Luther aus der Ablehnung des Mönchsgelübdes den Begriff „Beruf" bzw. „Berufung" erstmals mit weltlichen Tätigkeiten verbindet. Das Festhalten Luthers an ständischen Organisationen als von Gott gewollt wertet Weber als Traditionalismus. Dem stellt er den Geist des Schweizer Reformators Calvin gegenüber, dessen Prädestinationsglaube den Geist des Unternehmertums beflügelt habe. Luther stand in der Tradition eines tiefen christlichen Glaubens, in welchem nicht die Werke und Ämter als solche, sondern die innere Verantwortung einer Person maßgebend sein sollte. Dem entspricht die Haltung Meister Eckharts, der 200 Jahre vor Luther lebte und „Werk" und „Gewerbe" unterscheidet. Ein „Werk" verrichtet man von außen. Ein „Gewerbe" hingegen ist es, wenn eine Person von innen und mit Umsicht handelt. Wer seine Tätigkeiten in diesem Sinne als „Gewerbe" ausführt, lässt sich nicht in die Dinge hineinziehen, er wird nicht von der Sorge gefesselt, sondern steht neben den Dingen und neben der Sorge. Dazu muss man sich allerdings von Eigenwilligkeit, vermeintlichem Wissen, Selbstgefälligkeit und vor allem von Kaufmannsmentalität befreien, die selbst im Glauben nach dem Muster des Tausches, dem Geben und Nehmen handelt: Tue ich gute Werke, muss mir Gott dafür etwas geben. Meister Eckhart versteht sich nicht als Geschöpf Gottes, sondern als Ursache seiner selbst, als Suchenden, der kreativ und aktiv an der Gestaltung des weltlichen Seins Teil hat.

Über den Autor

Lothar Albert, 1931 in Plauen geboren, studierte Grundschul- und Sonderpädagogik und war an Schulen in Württemberg tätig.
1970/75 nebenberuflich Studium der Erziehungswissenschaft, Psychologie und Psychiatrie an der Universität Tübingen. Abschluss: Diplom.
1972/89 nebenberuflicher Gutachter an der Zentralstelle für den Fernunterricht der Länder. 1975/79 Mentorentätigkeit für Legasthenie.
1979-1994 Studium der Behindertenpädagogik, Sozialpädagogik, Soziologie an der Universität Bremen. Abschluss: Diplom und Promotion (Dr. phil.).
1991/2005 nebenberuflicher Gutachter für das Fach Deutsch beim Kultusministerium Stuttgart.
Nach dem Eintritt in den Ruhestand 1997 Promotionsstudium und Philosophiestudium an der Universität Tübingen. Abschluss: II. Promotion (Dr. rer. Soc.).
2006 Abschluss der Habilitation an der Fakultät für Sozial- und Verhaltenswissenschaften der Universität Tübingen mit der venia legendi im Fach Schulpädagogik. Lehraufträge in Konfliktbewältigung, Lern- und Verhaltensstörungen, Legasthenie.